THEORIE UNIVERSELLE

DE L'EVOLUTION ET DE L'ADAPTATION SOCIALE

LIVRE III

FONDEMENT

DE LA CONSCIENCE

ET

CONDITIONNEMENT

PATHOGÈNE

Roger Manuel Liñares Vazquez

Sommaire

SBN-13: 978-1540675613

ISBN-10: 1540675610

2017

« Only a theory that explained conscious events in terms of unconscious events could explain consciousness at all. »[1]

Daniel C. Dennett

_____

[1] *Daniel C. Dennett, Consciousness Explained.*

« Seule une théorie qui explique les évènements conscients en termes d'évènements inconscients pourrait expliquer la conscience. »

Introduction

Tous les hommes naissent libres et égaux en droits naturels. Cependant, sans la contrainte irrationnelle d'un droit de créance totalitaire enchaînant l'humanité à un pouvoir économique d'asservissement mutuel[2], un sujet naturel n'aurait jamais échangé son intégrité physique et morale contre le déséquilibre énergétique permanent d'un sujet culturel, dont l'arbitraire pathogène fonde tous les troubles pathologiques du comportement.[3]

---

[2] *https://www.createspace.com/6317900*
R. M. Linares Vazquez, La Matrice du Capital

[3] *http://classiques.uqac.ca/classiques/janet_pierre/medecine_psychologique/janet_medecine_psycho.pdf*

Pierre Janet, La médecine psychologique. Paris, Flammarion, 1923, p. 155.156

« On est disposé à croire que les maladies mentales constituent des calamités terribles absolument irrémédiables qui frappent certains individus d'une manière très nette et définitive mais heureusement exceptionnelle. Le public conserve sur ce point des idées analogues à celle qu'il avait autrefois à propos de la tuberculose qui n'était connue que sous la forme de phtisie terrible mais exceptionnelle. On a fini par comprendre qu'il y avait des tuberculoses légères, curables, mais énormément répandues. Il en sera de même pour les troubles mentaux : on reconnaîtra que sous des formes diverses, plus ou moins atténuées, ils existent aujourd'hui de tous les côtés chez une foule d'individus que l'on n'a pas l'habitude de considérer comme

Remarque

Attendu qu'un névrosé souffre d'un mal qui ne résulte d'aucune maladie, les termes : « pathologie » (étude des passions) et « pathogène » (pathos, souffrance, et gennân, engendrer) sont à considérer dans leur définition étymologique.

Ne seront pas traités ici : l'autisme, les pathologies congénitales ou provoquées par des traumatismes crâniens ; en outre il n'existe toujours pas au 21ème siècle une seule description officielle et rationnelle des causes permettant de comprendre une quelconque pathologie relevant de la psychologique ou de la psychiatrique. Les seules définitions en évolution permanente – parce que devant perpétuellement s'adapter à l'évolution sociale des troubles du comportement – que nous proposons ces deux disciplines officiellement reconnues – et qui limitent leurs actions au seul traitement aléatoire du symptôme, et pour cause –, se cantonnent aux seules descriptions de symptômes qui ne peuvent, rationnellement et contrairement à la pratique, être utilisées pour poser un seul diagnostic qui puisse être qualifié de rationnel. Ces définitions sont aléatoires et les traitements thérapeutiques, légalement ou illégalement, arbitraires parce que non scientifiques[4]. Comme nous l'avons démontré dans

---

des malades. On arrivera de plus en plus à comprendre que **les types de maladies mentales que nous distinguons comme de véritables folies ne sont que des degrés différents d'un trouble qui a subi toutes sortes d'évolutions et dont le premier germe se trouvait dans les troubles du caractère.** *»*

L'hypothèse de Pierre Janet fut novatrice et, comme nous allons le démontrer, exacte.

[4] *http://www.assemblee-nationale.fr/14/rap-info/i1085.asp*

COMMISSION DES AFFAIRES SOCIALES. La santé mentale et l'avenir de la psychiatrie : rapport d'étape. Denys Robillard, Député.

« Dr. Philippe Gasser, membre du bureau de l'Union syndicale de la psychiatrie (USP) et responsable d'une unité de soins intensifs en psychiatrie

(USIP) au centre hospitalier Le Mas Careiron (Uzès), est éclairant :
« J'assiste à la psychiatrisation de personnes qui ont refusé un contrôle
d'alcoolémie en se querellant verbalement avec les forces de police un
vendredi soir et qui aboutissent pendant 72 heures, jusqu'au lundi matin ou
au mardi matin, en psychiatrie alors qu'il n'y a aucun trouble psychiatrique,
sans aucun recours, sans visite, sans communication et sans le bénéfice d'un
avocat. »

« La possibilité pour un médecin non psychiatre d'établir un certificat en vue
d'une admission en soins sans consentement (article L. 3212-1 du code de la
santé publique). »

« La mission d'information a eu communication du fait que le nombre de
mesures de soins sans consentement s'était accru de près de 50 % entre 2006
et 2011. »

« Plus inquiétante est l'évolution constatée de la file active des patients suivis
en psychiatrie : ainsi la direction de la recherche, des études, de l'évaluation
et des statistiques (DREES) du ministère des affaires sociales et de la santé a
constaté, de 1991 à 2003, une augmentation de 62 % de cette file active pour
les adultes en psychiatrie générale et de 82 % pour les enfants en psychiatrie
infanto-juvénile. »

« Selon une étude de la DREES, 48 % des médecins généralistes qui prennent
en charge des patients atteints de dépression proposent exclusivement un
traitement médicamenteux. En cas de dépression non sévère, 50 % déclarent
prescrire des antidépresseurs et des anxiolytiques. Selon la CNAMTS,
5,8 millions de personnes prennent des traitements psychotropes. Les
proportions sont d'environ 5,5 % pour les médicaments anxiolytiques, 5 %
pour les antidépresseurs et lithium, 3 % pour les hypnotiques et 0,6 % pour
les neuroleptiques. »

http://classiques.uqac.ca/classiques/janet_pierre/nevroses/janet_les_nevroses
.pdf

Pierre Janet, Les névroses (1909) Dans le cadre de la collection: "Les
classiques des sciences sociales", p. 273.274

« Malheureusement, l'esprit humain ne se contente pas à si bon marché, il
aime les dangers et les querelles, et nous éprouvons le besoin de formuler sur
la maladie hystérique des conceptions d'ensemble, des interprétations, des

la « La Matrice du Capital », en présence d'un vide scientifique la puissance idéologique d'une pensée réside dans sa capacité à se matérialiser dans une fonction capable de mystifier l'ignorance.

---

définitions qui sont bien plus exposées à la critique et à l'erreur. Il me semble que c'est un peu une mode médicale que de donner des définitions de l'hystérie : déjà dans le vieux livre de Brachet, en 1847, il y avait au début une cinquantaine de formules passées en revue. Laségue, il est vrai, déclara avec prudence qu'on ne définirait jamais l'hystérie et qu'il ne fallait pas essayer; depuis cet avertissement, tout le monde est tenté de faire ce qu'il avait déclaré impossible. Dans mes petits livres sur l'hystérie, 1893, j'ai discuté une dizaine de définitions récentes, et j'ai eu la sottise d'en présenter une autre. Naturellement, on a continué dans la même voie dangereuse, et, depuis cette époque, il y a bien une dizaine de définitions nouvelles de l'hystérie qui ont été proposées.

Il faut obéir à la mode en disant quelques mots de ces définitions, tout en ayant conscience de l'insuffisance actuelle de nos connaissances physiologiques sur les fonctions cérébrales et sur l'analyse psychologiques des malades, tout en sachant bien que le vague de la langue psychologique actuelle nous interdit d'attacher trop d'importance aux termes d'une définition provisoire, il faut essayer de tirer de ces études quelques idées générales qui nous servent à résumer notre conception de la maladie. »

Ibid., p. 275.276

« 2. – L'impossibilité d'une conception générale anatomo-physiologique de l'hystérie.

S'il est vrai, ce qui est démontré, qu'une explication purement psychologique d'un trouble morbide soit une explication inférieure, plus humble, moins scientifique, il faut cependant se résigner à ne formuler que des explications psychologiques, si on n'en a pas d'autres; cela est toujours plus scientifique que de se payer de mots.

En résumé, il n'y a pas actuellement de caractère anatomo-physiologiques observé pendant la vie ou après la mort qui se retrouve dans tous les symptômes hystériques et qui n'existe que dans l'hystérie; que cela soit regrettable ou non il est absolument inutile de chercher à dissimuler cette ignorance. »

8

Bien qu'ayant validé l'hypothèse de Pierre Janet en identifiant « la forme concrète de la valeur générale d'échange »[5], ou le principe général pathogène qui est à l'origine de toutes les formes particulières que prend le trouble pathologique du comportement; il est essentiel d'en faire la démonstration par l'examen détaillé de son mécanisme inconscient, en dévoilant le processus neuronal universel qui génère la permanence d'un déséquilibre homéostatique et donc l'altération permanente du comportement[6] : que je nomme aussi « déficit affectif moral permanent », puisque dans les faits le sujet naturel est dans l'incapacité d'associer deux représentations culturelles de sa propre personne, et cela du fait qu'elles possèdent deux qualifications universelles de qualités opposées. Ce qui nous permettra de démontrer par la même occasion – sans attaquer, comme certains et par défaut d'arguments rationnels, les mœurs de Sigmund Freud – que la théorie psychanalytique freudienne n'est qu'une illusion ; comme le concept culturel de la « conscience morale » qui n'est qu'un référentiel imaginaire, résultant de l'association de mots aux définitions incertaines venant combler un vide scientifique. Cependant, et avant de nous intéresser au processus neuronal pathogène, il nous faut d'abord comprendre précisément le traitement cérébral inconscient de l'information qui permet de faire naître ce que l'on nomme communément « la conscience ». [7]

---

[5] *Ibid., p. 35*

[6] Comme démontré dans la « La Matrice du Capital », un déséquilibre énergétique arbitraire et permanent génère la transgression générale des rapports sociaux naturellement émancipés, et donc la nécessité de créer un droit pénal; l'équilibre énergétique, atteint dans le respect permanent de la contrainte naturelle d'une régulation énergétique par répartition, les annulent.

[7] Il faut préciser que les termes : réflexion, connexion, identification, double identique ou différent et association, sont utilisés par commodité, en réalité, comme la neurologie nous l'enseigne, il ne s'agit que de l'activation de synapses entre des neurones .

Corrélats neuronaux inconscients et fonctions principales de la pensée dite « consciente »

À ce jour la science ignore encore quel est le mécanisme neuronal qui, libéré de toute perception sensorielle, permet à la seule espèce humaine de s'extraire par la pensée du monde naturel, pour l'observer, l'étudier, l'imaginer, et le modifier au point de prendre le risque de ne plus pouvoir y vivre.

Pour définir une réflexion et ses fonctions en particulier, il suffit de déterminer comment et quelles informations elle traite; ce qui permet de décrire précisément l'apprentissage inconscient et nécessaire à la naissance de la pensée consciente[8].

---

[8] Comme nous allons le démontrer en décrivant précisément sa forme particulière, l'hypothèse formulée par le Professeur Axel Cleeremans est exacte dans sa forme générale.

http://fondation.ulb.ac.be/fr/?page_id=1807

« La conscience demeure donc aujourd'hui un mystère, " un problème auquel on ne sait pas encore comment il faut penser " (Daniel Dennett). Contrairement à toutes les théories existantes, nous défendons l'idée que la conscience est quelque chose que le cerveau apprend inconsciemment. »

Bien qu'elle semble imperceptible, la pensée consciente n'est aucunement privée de réalité concrète puisqu'elle constitue le résultat du traitement de représentations mémorisées et qu'elle possède un support organique : le neurone. Par conséquent, une réflexion inconsciente et une pensée consciente sont toujours le résultat du traitement de représentations sensorielles mémorisées et de souvenirs, dans le but de maintenir un équilibre homéostatique déterminé par l'équilibre énergétique de l'atome (notre mémoire originelle ; tout ce qui possède un équilibre énergétique permanent est une information « mémoire » permanente). Il est donc inexact de différencier le corps de l'esprit ; pour la bonne compréhension nous continuerons malgré tout à faire une distinction technique mais en parlant de *réflexion sensorielle à l'état de veille*, et de *réflexion abstraite monologique à l'état de veille ou de pensée consciente* [9]. D'ores et déjà, il nous faut rappeler que l'information ne possède que trois qualifications universelles : satisfaisante, insatisfaisante et indifférente ; que, conformément au principe universel de l'évolution, il n'existe dans le règne de la matière inerte comme dans celui du vivant aucun déplacement ni aucune action qui ne soit en réalité une réaction à un déséquilibre énergétique; et que, dans ces conditions, il relève d'une impossibilité matérielle et donc d'une erreur culturelle d'affirmer que la pensée, qu'elle soit rationnelle,

---

[9] *Léonard de Vinci, Les carnets de Léonard de Vinci I, Tel Gallimar.1987, B.3 v. p. 71*

« Il ne saurait y avoir de son où il n'y a pas mouvement ou percussion de l'air ; il ne saurait y avoir percussion de l'air où il n'y a pas d'instrument. Il ne saurait y avoir d'instrument sans corps. Dans ces conditions, un esprit ne peut avoir ni voix ni forme ni force, et s'il prenait un corps il ne pourrait pénétrer ni entrer où les portes sont closes. Et si quelqu'un disait qu'au moyen de l'air rassemblé et comprimé, un esprit peut emprunter diverses formes et ainsi parler de se mouvoir avec force, ma réponse sera que là où il n'y a ni nerfs ni os, aucune force ne saurait être produite par le mouvement d'esprits imaginaires. Fuis les préceptes de ces spéculateurs dont les arguments ne sont pas confirmés par l'expérience. »

subjective, consciente, inconsciente ou pathogène, n'est pas déterminée et par conséquent modélisable[10].

---

[10]Simone Weil (1909-1943), *Réflexions sur les causes de la liberté et de l'oppression sociale (1934). Paris. Éditions Gallimard, 1955, p. 62*

« Il est cependant une source de mystère que nous ne pouvons éliminer, et qui n'est autre que notre propre corps. L'extrême complexité des phénomènes vitaux peut peut-être être progressivement débrouillée, tout au moins dans une certaine mesure ; mais une ombre impénétrable enveloppera toujours le rapport immédiat qui lie nos pensées à nos mouvements. Dans ce domaine nous ne pouvons concevoir aucune nécessité, du fait même que nous ne pouvons pas déterminer des chaînons intermédiaires ; au reste la notion de nécessité, telle que la pensée humaine la forme, n'est proprement applicable qu'à la matière. »

Un principe physique universel simple, propre à toute évolution, détermine la seule et unique action qui fut à l'origine de la création de l'univers, et de toutes les réactions, déterminant par conséquent aussi toutes les sciences dont l'essence est constituée de tout ou partie des éléments composant le tableau périodique de Mendeleïev :

« Toute évolution implique un déséquilibre énergétique générant une modification proportionnelle de l'état de l'information. »

http://www.psychaanalyse.com/pdf/janet_memoire_temps.pdf

Pierre Janet, L'évolution de la mémoire et de la notion du temps (1928), p. 105

« Toutes nos actions, comme les physiologistes l'ont bien reconnu, sont caractérisées par la stimulation qui les provoque. Pour obtenir un réflexe pupillaire, il faut montrer une lumière devant l'œil. Pour obtenir le réflexe patellaire, il faut frapper avec un petit marteau au-dessous de la rotule. Ce sont des excitations différentes. L'acte est en rapport avec la stimulation externe qui le produit. Supprimez cette stimulation et l'acte ne se produira pas. »

Léonard de Vinci, Les carnets de Léonard de Vinci II, Tel Gallimar.1987, G 96 r, 642

Pour différencier les différents types de réflexion il est fondamental de pouvoir les décrire précisément, ce qui suppose un préalable : la compréhension de l'évolution du traitement neuronal de l'information perçue par les sens. En effet, la capacité à passer de la réflexion sensorielle inconsciente à la réflexion abstraite inconsciente est, à travers le rêve, commune à plusieurs espèces animales ; de plus, comme nous le savons, il est possible d'enseigner à certaines de ces espèces, à l'état de veille mais en dehors de toute conscience, l'apprentissage d'une réflexion abstraite langagière limitée à quelques « signes ». Le but étant de comprendre comment le genre humain est devenu la seule espèce animale capable de penser en transformant une perception sensorielle contingente en une information abstraite directement accessible, parce que libérée de toute nécessité d'être connectée par les sens au monde externe[11].

« Une réaction neuronale est produite par un stimulus qui convertit la charge électrique négative, de la cellule, en charge positive afin de provoquer par une liaison synaptique, une réaction dans la cellule cible. »

En conséquence, la perception sensorielle d'une information résulte de l'aptitude naturelle à générer deux doubles mémorisés identiques représentant cette information et à activer

---

« Où l'on ne peut appliquer aucune des sciences mathématiques ni aucune de celles qui sont basées sur les sciences mathématiques, il n'est point de certitude. »

[11] Quelle information permet la remémoration d'un souvenir sans faire appel à une quelconque perception sensorielle ? Si nous répondons à cette question, nous aurons fait un simple constat ; mais si nous parvenons à expliquer pourquoi cette information mémorisée est, quant à elle et contrairement au souvenir, directement accessible nous aurons fait la découverte qui, du point de vue du traitement de l'information, nous différencie de toutes les autres formes de vie. Et accessoirement nous saurons pourquoi, contrairement à notre pensée consciente, notre réflexion inconsciente peut traiter un souvenir resté inconscient, antérieur à l'âge de plus ou moins 4 ans, au cours d'un rêve qui pourra éventuellement être remémoré en toute conscience.

entre eux leur connexion synaptique, comme par exemple lorsque l'on voit un objet: la perception sensorielle mémorisée de l'objet visualisé associée à une identique représentation visuelle mémorisée (ce qui implique que les neurones disposent de plusieurs durées de mémorisation de l'information).

Les cinq différents types de réflexion

• La réflexion sensorielle inconsciente

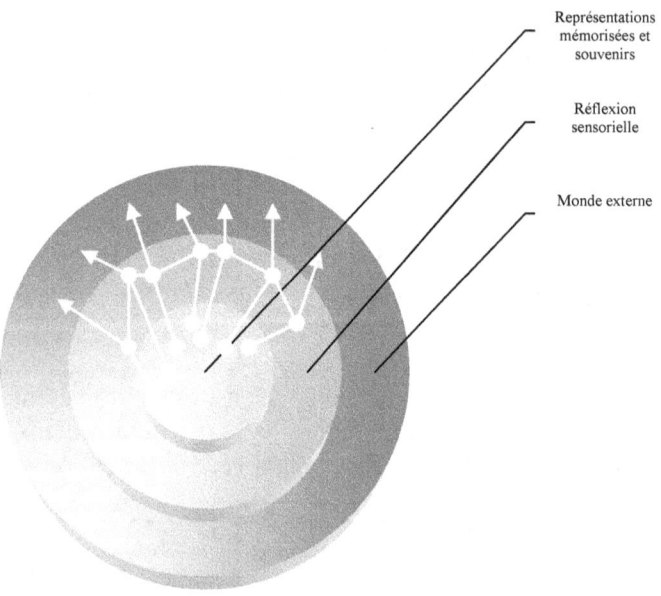

Représentations
mémorisées et
souvenirs

Réflexion
sensorielle

Monde externe

Figure 1 : représentations sensorielles mémorisées et souvenirs (au centre) / Réflexion sensorielle (les flèches représentent les perceptions sensorielles mémorisées du monde externe) / Monde externe.

Comme nous pouvons le constater sur la figure 1, la réflexion sensorielle inconsciente à l'état de veille résulte d'une double activation neuronale de représentations sensorielles mémorisées: directe et indirecte. En effet, les représentations sensorielles mémorisées possèdent des connexions indirectement activées par leurs doubles identiques aussi mémorisés mais directement activés par la perception sensorielle dans une réflexion sensorielle.

Il est très important d'insister sur le fait évident mais essentiel que l'information externe ne peut être utilisée dans une réflexion sensorielle qu'à trois conditions : qu'elle soit mémorisée, qu'elle possède une connexion à d'autres informations mémorisées et que cette connexion soit activée. En effet, c'est exclusivement l'activation autonome des connexions entre des représentations sensorielles mémorisées et des souvenirs – donc en dehors de toute sollicitation ou activation de la mémoire par la perception sensorielle effective du monde externe – qui permet à la réflexion de s'émanciper pour, en totale abstraction, rêver pendant le sommeil et penser à l'état de veille; mais ce qui différencie la réflexion onirique de la réflexion sensorielle et de la pensée consciente, c'est que la première résulte d'une simple activation neuronale.

• La réflexion abstraite inconsciente à l'état de veille

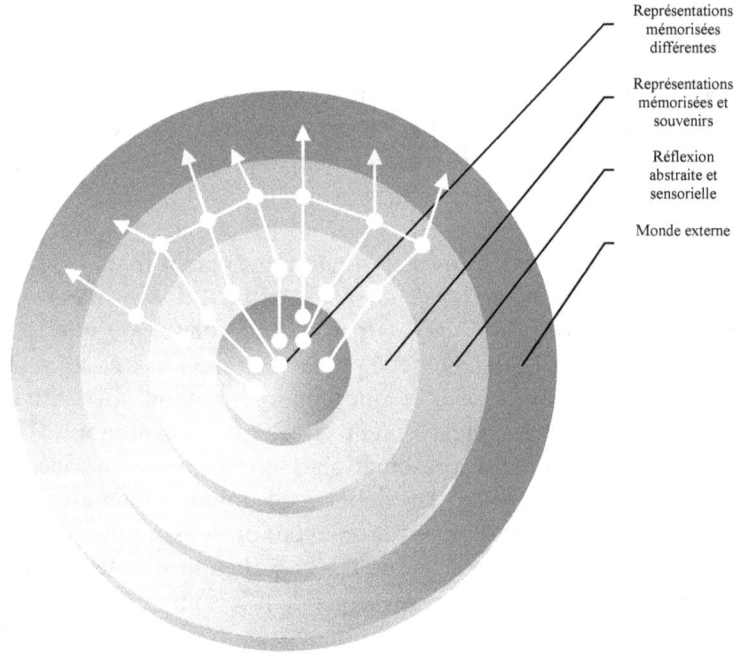

Représentations
mémorisées
différentes

Représentations
mémorisées et
souvenirs

Réflexion
abstraite et
sensorielle

Monde externe

Figure 2 : représentation sensorielle différente de la perception sensorielle représentant une même information du monde externe (au centre) / Représentation sensorielle identique à la perception sensorielle du monde externe et souvenirs / Réflexion sensorielle et abstraite / Monde externe.

La réflexion abstraite inconsciente, à l'état de veille, naît de l'aptitude naturelle à activer la connexion entre deux représentations sensorielles mémorisées et différentes représentant une même information, par la perception sensorielle effective de l'une des représentations mémorisées: association visuelle et sonore , visuelle et olfactive... ; comme par exemple lorsque qu'un prédateur utilise son odorat pour pister une proie dont il possède une représentation visuelle mémorisée (associée à sa représentation olfactive mémorisée et perçue), ou encore lorsqu' un chien reconnaît la voix de son maître.

En conséquence, par réflexion abstraite nous entendons l'activation de la connexion d'une représentation sensorielle mémorisée en dehors de sa perception sensorielle effective.

• La réflexion abstraite pendant l'état de sommeil ou le rêve

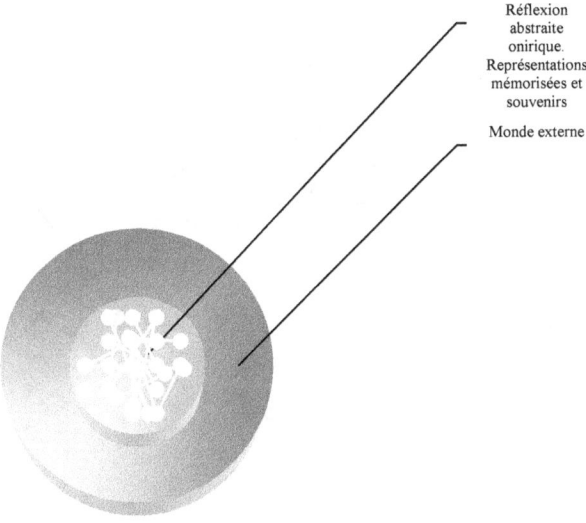

Réflexion
abstraite
onirique.
Représentations
mémorisées et
souvenirs

Monde externe

Figure 3 : réflexion abstraite onirique. Souvenirs et représentations sensorielles mémorisées (au centre) / Monde externe.

La réflexion abstraite à l'état de sommeil (l'antichambre de l'imaginaire conscient), ou le rêve, naît de l'aptitude naturelle à associer, dans une réflexion abstraite pendant le sommeil paradoxal, des souvenirs et des représentations sensorielles mémorisées, sans la moindre nécessité d'activer leurs connexions par des perceptions sensorielles d'informations externes (l'activation neuronale est simple et autonome).

• La réflexion abstraite langagière inconsciente à l'état de veille

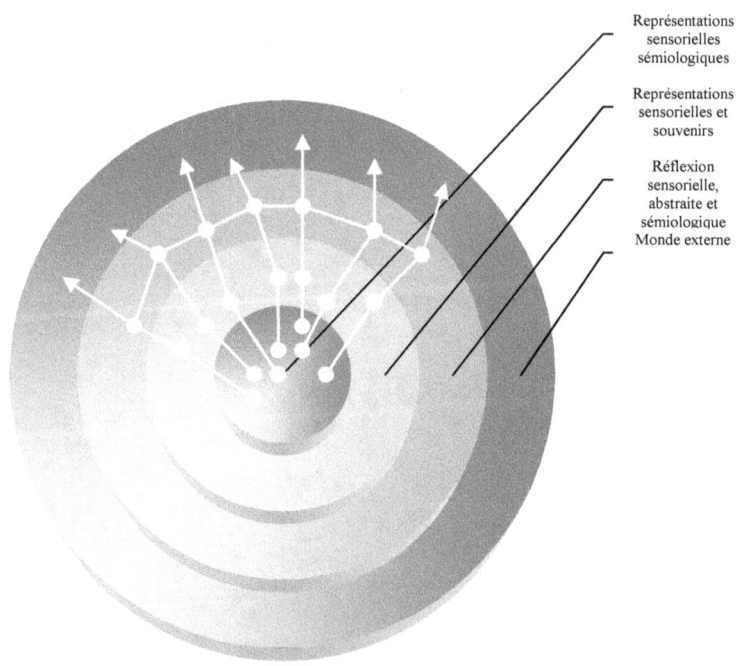

Représentations
sensorielles
sémiologiques

Représentations
sensorielles et
souvenirs

Réflexion
sensorielle,
abstraite et
sémiologique
Monde externe

Figure 4 : représentations sensorielles   sémiologiques (au centre) / Souvenirs, représentations sensorielles et abstraites / Réflexion sensorielle, abstraite et sémiologique / Monde externe.

La réflexion abstraite langagière inconsciente ou sémiologique, à l'état de veille, résulte de l'aptitude naturelle à doubler une représentation sensorielle en la désignant par une représentation sensorielle distincte – sonore ou gestuelle – et associée à la perception sensorielle effective de l'information désignée, permettant uniquement un dialogue sensoriel ou sémiologique. Ce niveau de réflexion abstraite, où le langage est toujours dépendant de la perception effective de données externes, est celui que ne peut dépasser un enfant entre plus ou moins 1 et 4 ans, ou un bonobo à qui l'on a enseigné le nombre limité de « signes » qu'il peut utiliser dans ce langage (des représentations sémiologiques sonores, ou gestuelles, associées aux représentations sensorielles des informations perçues et désignées).

• La pensée consciente – dont la première des fonctions essentielles est de permettre d'utiliser directement et en permanence des informations mémorisées et accessibles à la demande – naîtra lorsque la réflexion langagière inconsciente – traitant des représentations sémiologiques sonores, ou gestuelles (désignant des représentations sensorielles mémorisées et perçues) – sera doublée, à l'état de veille, par une réflexion abstraite libérée de toute nécessité de se connecter à des perceptions sensorielles d'informations externes (donc en dehors de toute expression orale ou gestuelle), permettant l'accès permanent aux souvenirs et aux représentations sensorielles mémorisées. Or, comme nous l'avons constaté, pour générer une réflexion abstraite à l'état de veille il faut impérativement activer une connexion entre deux représentations sensorielles différentes représentant une même information ; mais, puisque nous traitons ici d'une réflexion abstraite autonome comme la réflexion onirique, cette connexion doit être activée en dehors de toute perception sensorielle d'information externe. Ce résultat n'est donc possible que si une information abstraite, en l'occurrence « le signe » parvient à se libérer de toute perception sensorielle effective de l'information désignée. Par conséquent, et comme

19

nous allons pouvoir le vérifier – toute réflexion étant informée de la présence d'une information par son aptitude naturelle à l'associer, à la doubler ou à activer sa connexion à une autre information –, si le sujet parvient non seulement à générer des informations abstraites sémiologiques – des signes sonores ou gestuels – mais aussi à activer directement leurs connexions dans une réflexion singulière parce que doublée ou connectée exclusivement en interne (en dehors de toute activation de leurs connexions par des perceptions sensorielles d'informations externes): *« les mots » – possédant des connexions internes aux représentations sensorielles mémorisées qu'ils désignent, mais aussi, contrairement à ces dernières, une activation directe de leurs connexions – seront en permanence et directement accessibles dans une réflexion autonome, et donc en dehors de toute perception sensorielle effective de l'information désignée (contrairement aux représentations sémiologiques et sensorielles externes mémorisées ou aux souvenirs qui, n'ayant pas d'activation directe de leurs connexions ou n'étant pas doublés en permanence par la perception sensorielle du monde externe, ne sont pas directement accessibles à la remémoration). Et, comme nous en avons tous fait l'expérience en acquérant l'aptitude à monologuer, le problème sera résolu avec le développement mais surtout la multiplication exponentielle des liaisons syntaxiques permettant aux unités sémiologiques – les signes – de se transformer en mots dont le nombre exponentiel de connexions synaptiques va contraindre l'attention labile à se déplacer en alternance de la réflexion sensorielle à l'activation directe des connexions monologiques ; pour finalement remplacer un monde externe par des phrases ou ce qui revient au même par une réflexion monologique capable de générer et d'accéder en permanence au monde interne.*

Par conséquent, il suffit d'observer un enfant pour comprendre que c'est l'apprentissage d'un nombre suffisant de mots et donc de la syntaxe permettant la multiplication suffisante des liaisons syntaxiques qui constitue la condition capitale du transfert de l'attention nécessaire à l'activation directe de leurs connexions synaptiques, permettant la naissance d'une réflexion monologique autonome ou de la pensée consciente.

Contrairement aux mots monologiques, les signes sensoriels, ou les unités sémiologiques, ne peuvent pas directement activer leurs connexions puisque, insuffisamment nombreux, ils fondent la première réflexion abstraite langagière qui dépend toujours de la perception sensorielle de l'information désignée. De fait, si ces unités sémiologiques étaient détachées des perceptions sensorielles qu'elles désignent, elles ne pourraient plus – ne possédant pas d'activation directe – être utilisées dans une réflexion[12]. C'est l'évolution morphologique, et donc l' aptitude à nommer toutes les informations sensorielles perçues, qui permet de développer une syntaxe inhibant la réflexion sensorielle en activant directement la connexions des signes sensoriels entre eux pour les transformer en mots capables de former des phrases ou la réflexion monologique. En effet, un seul mot peut posséder plusieurs doubles monologiques différents (synonymes) associés ou associables en permanence

---

[12] En effet (en dehors de toute réflexion monologique), il est par exemple totalement impossible de se connecter à l'unité sémiologique représentant une « alerte » signalant un « danger », et donc de la prononcer, sans une connexion à la perception sensorielle effective d'un « danger » : parce que, en l'occurrence, cette unité sémiologique mémorisée ne possède aucune activation directe des ses connexions à d'autres unités sémiologiques qui permettrait de l'utiliser dans une réflexion autonome. Par contre si nous pensons la phrase « (l') alerte (permet de signaler un) danger », c'est-à-dire si nous transformons des unités sémiologiques – ne possédant pas d'activation directe de connexions sémiologiques entre elles – en mots disposant de l'activation directe de leurs connections syntaxiques (permettant de former des phrases ou la réflexion monologique), nous n'aurons plus besoin de connexions aux perceptions sensorielles d'informations externes pour que les mots – associés à leurs représentations sensorielles mémorisées inconscientes internes (sonores , visuelles, odorantes,...) – puissent être directement et en permanence utilisés dans une réflexion totalement autonome parce que libre de toute perception sensorielle d'informations externes. À l'exception de l'être humain, au sein d'un groupe d'animaux d'une même espèce, aucun individu ne peut pousser le cri d'alerte convenu s'il ne perçoit aucun danger.

dans une infinité de combinaisons différentes à d'innombrables mots ayant eux-mêmes une infinité de connexions différentes. C'est à cet instant que se développera la représentation idéelle et satisfaisante de l'affect, « l'amour ou le lien affectif » : c'est-à-dire, en finalité, le rapport neurophysiologique exclusif et satisfaisant à soi-même (deux informations abstraites et associables du même sujet) [13].

La réflexion verbale fut le résultat d'une évolution morphologique exclusive à l'espèce humaine, permettant le développement du langage articulé et par conséquent de la capacité singulière d'émettre une grande variété de sons différents. Ceci permit en associant les syllabes – les sons – entre elles de pouvoir nommer de manière exhaustive toutes les informations perçues ; c'est-à-dire d'acquérir l'aptitude à doubler toutes les représentations inconscientes en leur donnant une représentation abstraite distincte multipliant de façon exponentielle les connexions neuronales; permettant finalement, à l'état de veille, un transfert de l'attention portée sur la réflexion langagière limitée au dialogue sémiologique, vers son double interne et monologique détaché de toute connexion aux perceptions sensorielles d'informations externes[14]. En effet, pour avoir accès en permanence au signe

---

[13] *Sigmund Freud. O.C. XII, puf, p. 221*

« Il est nécessaire d'admettre qu'il n'existe pas dès le début, dans l'individu, une unité comparable au moi; le moi doit subir un développement. »

[14] La « performance » du corbeau de Nouvelle Calédonie – dans la confection d'outils sophistiqués (par rapport à ceux qu'utilise le chimpanzé) – me fit comprendre que le référentiel que je devais utiliser pour étudier l'évolution cognitive d'une espèce en particulier, devait être universel : l'énergie. En effet, il m'apparut alors clairement que je comparais erronément les performances d'espèces différentes, en utilisant toujours le même référentiel anthropomorphique. Si nous observons le cerveau de plusieurs vertébrés comme : le requin, le lézard, l'oiseau, le chien, le singe ou l'homme, nous constatons que le tronc cérébral passe d'une position horizontale chez le requin à une position presque verticale chez l'homme. Nous observons aussi que la masse du cerveau augmente avec la rotation du tronc cérébral. Cette

rotation est due au changement de milieu et à la croissance du volume de l'instance cérébrale traitant les nouvelles données. Il est entendu que l'augmentation des informations traitées doit nécessairement provoquer une augmentation de l'activité cérébrale qui n'est possible qu'avec l'augmentation proportionnelle de la masse cérébrale (neurones). Ce qui me permet d'en déduire que si une espèce animale a atteint la limite des informations nécessaires au maintien d'un équilibre énergétique ou de la satisfaction des besoins naturels, il y aura de fait une stabilisation du développement cérébral. Contrairement aux autres espèces animales, le déséquilibre énergétique permanent, auquel furent soumis les hominidés, entraîna une évolution de l'instance cérébrale. Le développement de la masse cérébrale bloquée dans son expansion par la boîte crânienne provoqua, dans sa recherche d'espace, une poussée sur le sphénoïde entraînant une modification du massif facial. Le déplacement du trou occipital est dû à la rotation de la masse cérébrale en direction du cervelet (vu la recherche d'espace d'une masse cérébrale qui augmente de volume), entraînant le déplacement du centre de gravité et le redressement du tronc cérébral, permettant, avec le changement de milieu, d'adopter la bipédie permanente. Si nous comparons le crâne d'un chimpanzé – dont les génotypes sont semblables aux nôtres à 98,7% – à celui d'un homme, il y a expansion de la voûte crânienne dans les trois dimensions ; ce qui me permet de penser qu'en lieu et place d'un affaissement ou rotation du massif facial, la pression exercée par le développement du cerveau a provoqué le développement de l'os frontal, occipital et la rotation du sphénoïde. Ces différentes pressions sont à la base d'une translation des os : frontal, propres du nez et zygomatique, qui ont ainsi gagné du terrain sur l'os maxillaire. L'arcade dentaire chez l'homme perd aussi de sa longueur (par rapport à celle du chimpanzé) et s'élargit en rapport avec l'élargissement de la base du crâne qui suit la croissance du cerveau. L'imagerie cérébrale a démontré que durant le sommeil paradoxal, la consommation en énergie du cerveau est supérieure à celle dont il a besoin éveillé lorsqu'il réfléchit à un problème complexe. Une des caractéristiques du sommeil paradoxal est qu'il se traduit par une paralysie quasi totale du corps. Ce qui implique une cessation d'activité des mécanismes cérébraux de contrôle. Le sommeil paradoxal se produit lorsque l'individu se sent physiquement en sécurité, et cet état n'est possible que si l'être parvient à se libérer de sa condition originelle de proie potentielle. Ainsi ses périodes sécurisées de repos, ont favorisé le sommeil paradoxal et donc le pouvoir de développer à loisir la réflexion abstraite onirique. Ceci est démontré par le fait qu'un enfant consacre plus de huit heures au sommeil paradoxal, ce qui constitue une évolution non compatible avec un état de proie potentielle dans un milieu où règne la sélection naturelle. Cette dynamique associée au changement de milieu (vu l'évolution de la morphologie des membres postérieurs et antérieurs) et donc d'alimentation (vu le besoin d'alimenter un cerveau consommant chaque fois plus d'énergie), va au cours de l'évolution permettre le langage articulé (la capacité d'émettre une gamme de sons plus riches). Finalement, en désignant la représentation visuelle par la représentation sonore et en la doublant avec une réflexion

langagier il doit devenir monologique, c'est-à-dire avoir été doublé et activé exclusivement en interne pour être libéré de toute perception sensorielle d'informations externes, et ainsi permettre au monde interne et à l'imaginaire de naître ce qui constitue la deuxième fonction de la pensée consciente.

Par conséquent, c'est parce que toutes les perceptions sensorielles mémorisées du monde que nous avons sous les yeux (visuelle, olfactive, gustatives,...), sont indirectement connectées entre elles, ou désignées, par des mots – des sons – directement connectables à une infinité de sons différents – de mots différents – dans une infinité de possibilités d'associations différentes, que nous pouvons, lorsque nous le désirons et sans la moindre perception sensorielle d'informations externes, entendre et donc voir, sous nos yeux clos, le monde s'animer uniquement par la pensée.

La réflexion abstraite inconsciente, à l'état de veille, naît de l'aptitude naturelle à doubler toute perception sensorielle en l'associant à une représentation sensorielle différente ; et la pensée consciente de la capacité à doubler en interne, par des mots associés et directement activés, les représentations sémiologiques devenues monologiques et donc accessibles directement et en permanence. En effet, la perception corporelle du sujet naturel par les sens et les représentations monologiques du sujet culturel sont, à l'état de veille, et en dehors de toute perception d'informations externes au sujet, des informations disponibles en permanence ; permettant le doublage du sujet

---

abstraite singulière, notre ancêtre s'est libéré de l'obligation de voir physiquement l'hominidé, pour être capable de l'imaginer, en nommant l'abstraction de l'homme qu'il est finalement devenu. Quant aux animaux domestiqués, vivant en captivité ou même en liberté, qui peuvent avoir de longues heures de sommeil paradoxal, étant adaptés à leur milieu respectif, ils n'ont pas encore eu la nécessité de combler leur « retard » et possèdent toujours, pour l'instant, une réflexion dont l'attention à l'état de veille est monopolisée par les réflexions sensorielles, abstraites et sémiologiques inconscientes.

animal par un monologue (sans aucune nécessité d'expression verbale orale, puisque la mémoire sensorielle permet à la réflexion monologique d'entendre les mots sans la moindre vocalisation). L'accès permanent et direct, à l'état de veille, à la réflexion monologique, ce que nous nommons communément la pensée consciente, est la réflexion qui distingue l'espèce humaine de toutes les espèces vivantes. En effet, on ne peut communiquer qu'avec un être qui existe: c'est-à-dire que l'on perçoit en permanence et qui nous répond en permanence, par conséquent qui nous perçoit aussi en permanence. Il est impossible de penser en totale abstraction – en dehors de toute perception sensorielle – sans l'utilisation d'une information ayant une représentation exclusivement interne: le mot monologique. En effet, comme nous pourrons le constater ultérieurement avec l'exemple de l'odeur mémorisée d'un parfum (n'étant pas associable en permanence parce que, dans ce cas précis, ne possédant pas de connexion à un nom monologique), si son activation par une représentation sensorielle identique nouvellement perçue est possible (n'ayant pas un double monologique différent et permanent), ce double identique ne sera pas identifiable par une réflexion monologique qui double une information abstraite sémiologique en l'occurrence inexistante (puisque dans cet exemple précis l'odeur du parfum ne possède pas d'identification ou de connexion à un signe) : c'est comme si l'on superposait parfaitement deux calques aux dessins identiques mais sans identification sémiologique et a fortiori monologique, la perception visuelle n'en verrait qu'un et la réflexion monologique ne pourrait pas l'identifier et donc le voir ; la troisième fonction principale de la réflexion monologique (ou de la pensée consciente) – ayant préalablement activé directement les connexions des unités sémiologiques pour les transformer en mots monologiques –, étant de pouvoir observer et presque simultanément décrire ce que l'on pense ou fait à l'instant même où l'on pense ou réagit. Cependant, comme nous le verrons avec ce même exemple du parfum, si le double identique de l'odeur du parfum possède une connexion à un double abstrait différent mais disposant d'une identification sémiologique associée à un mot

25

monologique, il pourra être identifié par une voie indirecte. Ce développement théorique est plus simple à vérifier et à comprendre parce que parfaitement démontré par les tests réalisés par les Professeurs Sperry et Gazzaniga sur des sujets dont le corps calleux a été sectionné, empêchant toute communication entre un hémisphère droit devenu exclusivement inconscient et un hémisphère gauche toujours conscient puisque c'est précisément là que siège l'aire du langage.

« Par exemple si l'on présente un mot à l'hémisphère droit seulement, le sujet répond qu'il ne voit rien, car son hémisphère gauche dominant pour le langage n'a effectivement rien vu à cause du corps calleux coupé. Mais si l'on insiste en demandant au sujet d'utiliser sa main gauche pour choisir une carte avec le dessin du mot qu'il a vu, ou de prendre l'objet en question en le palpant, il réussit sans problème. L'hémisphère droit ne peut donc pas s'exprimer avec des phrases complexes, mais il peut clairement reconnaître les mots. » [15]

(L'œil gauche ainsi que la main gauche dépendent de l'hémisphère cérébral droit)

En réalité la réflexion sensorielle et abstraite inconsciente a parfaitement vu, reconnu et mémorisé non pas le mot « balle » mais la représentation scripturale « **BALLE** » présentée à l'hémisphère droit, mais la connexion à son double monologique (le mot), situé dans l'hémisphère gauche (où siège l'aire du langage), ayant été rompue, la réflexion monologique ne peut en être informée, d'où la réponse de l'hémisphère gauche conscient du sujet qui dit ne rien avoir vu. Si l'hémisphère droit du sujet peut ensuite identifier par palpation de la main gauche l'objet correspondant à la représentation scripturale du mot « **BALLE** » de l'expérience, c'est que cette

---

[15] *http://lecerveau.mcgill.ca/flash/capsules/experience_bleu06.htm*

représentation scripturale a été mémorisée antérieurement à l'expérience et possède par conséquent une connexion neuronale à son double différent, c'est-à-dire à l'image mémorisée inconsciente d'une balle ⬤ , qu'il pourra reconnaître par association lors de la perception sensorielle tactile d'une balle – par sa rondeur – ou en y associant une autre image nouvellement perçue d'une balle ⬤ , ou encore d'une autre représentation scripturale du mot « *Balle* ».

Il est important de remarquer que si l'hémisphère gauche, coupé de l'hémisphère droit, peut associer des représentations visuelles à des représentations sonores et monologiques de ces images, c'est qu'il possède obligatoirement une mémoire sensorielle et sémiologique de ces images et de ces représentations scripturales de mots. Ce qui explique par ailleurs que les sujets ayant un corps calleux coupé ne soient pas handicapés dans le traitement de l'information par l'absence de connexions entre les deux hémisphères.

La réflexion monologique ou le fondement de la conscience

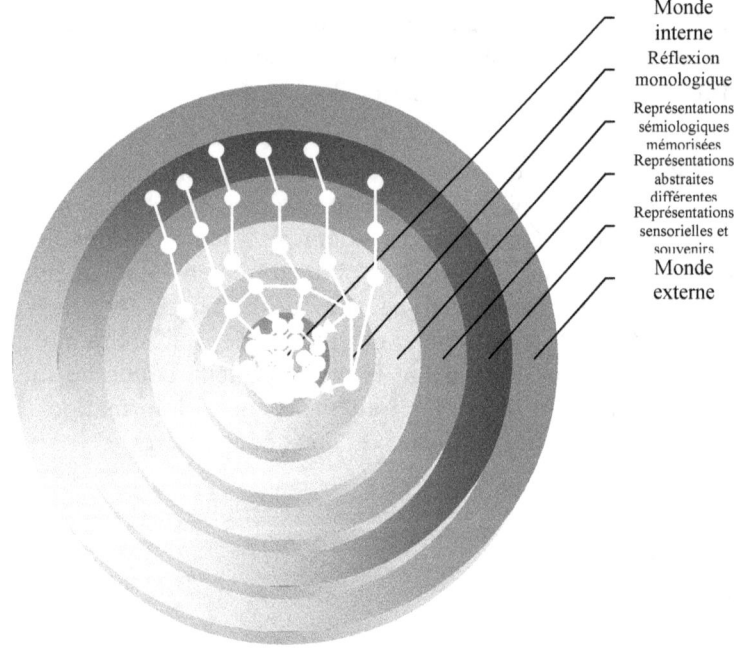

Monde
interne
Réflexion
monologique
Représentations
sémiologiques
mémorisées
Représentations
abstraites
différentes
Représentations
sensorielles et
souvenirs
Monde
externe

Figure 5 : monde interne (au centre) / Réflexion monologique / Représentations sémiologiques / Représentations sensorielles abstraites différentes / Représentations sensorielles et souvenirs / Monde externe.

Comme nous pouvons le constater sur la figure ci-dessus, une réflexion à l'état de veille n'est possible que par une double activation neuronale: directe et indirecte. En effet, comme représentées dans la figure 1, les représentations sensorielles mémorisées – qui, comme les représentations sémiologiques, ne possèdent pas de connexions directement actives – sont indirectement activées à travers les perceptions sensorielles effectives du monde externe dans une réflexion inconsciente (sensorielle, abstraite et sémiologique). Perceptions sensorielles d'un monde externe dont peut se passer la réflexion monologique, puisque les mots – qui sont des représentations sensorielles mémorisées mais dont les connexions sont directement activées – désignent et associent indirectement tous les souvenirs et toutes les représentations sensorielles mémorisées (sensorielles, abstraites et sémiologiques), permettant de doubler et donc de remplacer la perception d'un monde externe par la pensée d' un monde interne conscient de sa propre existence parce que totalement émancipé.

Il nous faut ouvrir une parenthèse afin d'attirer l'attention sur un problème résolu dans « La Matrice du Capital » et dont nous traiterons l'analyse psychologique lorsque nous aborderons la pathologie du trouble permanent du comportement. Nous venons de constater: que pour traiter une information, l'instance cérébrale doit en permanence être capable de la doubler ou de la connecter; que cette connexion commence, dans le cadre de la perception sensorielle, par l'association permanente de deux représentations sensorielles identiques identifiant une même information ; que l'information abstraite inconsciente est produite par l'association d'une représentation sensorielle à son double différent, identifiant une même information ; et finalement qu'ayant développé la réflexion abstraite monologique, le sujet naturel est doublé par un sujet culturel qui peut maintenant libérer totalement l'information abstraite de toute perception ou expertise sensorielle naturelle (en effet, le concept culturel ne possède, en dehors de sa représentation abstraite interne et scripturale externe, aucun double naturel observable) ; or, quelles seraient les implications neurologiques pour un sujet naturel, dépossédé de toute expertise sensorielle, si son représentant officiel le sujet culturel venait, par un conditionnement culturel pathogène, à activer des connexions à des informations culturelles totalement irrationnelles et inconscientes (sans connexions monologiques ou identifications) ?

Le concept du temps

La quatrième principale fonction de la pensée consciente est de créer l'illusion d'un temps qui passe.

Le facteur temps apparaît lorsque l'on prend conscience de sa propre existence, donc avant l'apparition de ce que nous nommons à tort « la conscience morale », notre premier souvenir en est le témoin[16]. Aucun évènement ne pouvant se produire en dehors du temps présent, la raison de l'existence d'un temps passé et d'un temps futur n'est due qu'à l'impression du déplacement inexistant d'un temps immobile[17] ;

---

[16] *Sigmund Freud, O.C. XV, puf, p. 299*

« 1. J'ajoute cette simple supposition que la formation et le renforcement de cette instance observante (la conscience morale) pourraient bien envelopper l'apparition tardive de la mémoire (subjective) et du facteur temps, qui ne vaut pas pour les processus inconscients. »

[17] *Pierre Janet, L'évolution de la mémoire et de la notion du temps, op. cit., p. 43*

« Quand il s'agira du temps, on fera la même comparaison et on nous dira : « Il y a une question de marche et de mouvement ». Toutefois, au commencement, on n'a pas attribué le mouvement à la personne même. Nous avons de la peine à admettre que nous nous mouvions dans le temps, nous n'osons pas le dire. Et, puisque nous n'osons pas dire que c'est nous qui avons marché et qui avons produit l'illusion, nous déclarons : « C'est le temps qui a marché », et nous le faisons marcher. Nous nous figurons que le temps marche, que c'est lui qui avance. Cette illusion d'optique et cette illusion sur le temps donneraient lieu à bien des discussions qui seraient intéressantes. Vous savez la vieille thèse de Descartes qui a été d'ailleurs reprise par Einstein, des apparences relatives qui sont dues au mouvement. Descartes est le premier qui a dit que, lorsque deux objets se meuvent l'un par rapport à l'autre, on peut mettre indifféremment le mouvement dans l'un ou dans l'autre. Quand nous sommes dans une voiture sur la route, nous pouvons indifféremment dire : « C'est le clocher qui vient ou c'est ma voiture

une impression produite par le rapport observable et mesurable entre deux informations : la mobile par rapport à l'immobile[18]. Ceci implique que seule la mémoire d'une chronologie est à l'origine de la naissance d'un temps passé et donc d'un temps futur[19]. La mémoire chronologique, propre à l'être humain, ne peut donc advenir qu'avec la prise de conscience de sa propre existence au travers d'une représentation abstraite de soi observant le déplacement de l'information dans l'espace. Concept de l'espace que paraissent posséder les chimpanzés, comme semble l'avoir démontré David Premack[20]; mais, comme il l'a aussi très bien remarqué sans pouvoir l'expliquer, ils sont dépourvus du concept de « temps ». En effet – n'ayant pas eu la nécessité d'évoluer en développant le langage articulé et donc la réflexion abstraite monologique, qui leur permettrait d'être doublés et de penser en étant détachés de toutes

---

qui avance » et d'ailleurs nous nous trompons souvent, dans les wagons de chemin de fer par exemple, sur les mouvements apparents des objets. »

Ibid., p. 66

« Mais un autre caractère dans la science, c'est qu'elle est présente, qu'elle aboutit toujours au présent. Vous savez même que c'est tout justement une des choses dont les savants sont très fiers. Elle aboutit à des faits présents et, en somme, il ne s'agit que de choses présentes. Les rapports de la chute des corps, les lois de l'électricité, de la chimie existent aujourd'hui, sont des faits présents. »

[18] Rien ne pouvant de produire en dehors d'un temps présent immobile et n'en déplaise aux physiciens, la mesure d'un déplacement biologique, ou l'espérance de vie, n'est pas déterminé par la mesure d'un déplacement atomique. En conséquence, il n'est pas plus envisageable de voyager dans le futur que dans le passé. Ce qui est plutôt une bonne nouvelle pour le jumeau qui aurait la crainte de ne plus revoir son frère après un petit voyage dans l'espace à une vitesse proche de celle de la lumière...

[19] *Ibid., p. 105*

« Le temps est tout simplement la prise de conscience d'un ensemble d'actions humaines qu'il s'agit de connaître les unes après les autres. »

[20] *La Recherche. Mensuel N°379 Oct.2004. Psychologie. L'entretien*

perceptions sensorielles –, ne sachant pas qu'ils existent, ils ne peuvent se situer dans le concept de l'espace et voir le temps passer. Nous rappelons que même les bonobos initiés au langage sémiologique restent limités dans le nombre de « signes » acquis (et cela du fait des capacités adaptées d'un cerveau qui, n'ayant pas été soumis à un déséquilibre énergétique permanant contrairement à celui des hominidés, n'a pas eu la nécessité d'évoluer conformément au principe universel de l'évolution). En effet, quelle que soit l'évolution d'un cerveau, c'est essentiellement l'adaptation à son milieu naturel qui détermine ses performances; ce qui explique leur impossibilité de penser à l'état de veille en totale abstraction, et donc aussi qu'ils soient toutes leurs existences (et ce malgré leurs contacts permanent avec des mœurs humaines), comme leurs congénères vivant en liberté, totalement désinhibés. On ne peut avoir honte du comportement social, non conforme aux mœurs humaines, ou organiser l'évasion d'un zoo, ou encore désirer la mort par le suicide d'un individu dont on ignore l'existence en l'occurrence soi-même.

Hypothèse erronée d'une marque temporelle permettant l'association consciente, à travers la remémoration d'un rêve, d'un souvenir resté inconscient[21]

À sa naissance la réflexion sensorielle traite uniquement des représentations « atemporelles ». La réflexion n'acquerra la temporalité que lorsque le sujet s'apercevra qu'il existe avec le

---

[21] Cette hypothèse est erronée mais permet, me semble-t-il, une compréhension simple du mécanisme permettant à un souvenir pré-monologique (resté inconscient) d'être intégré dans un rêve ; nous aborderons les conditions réelles de cette connexion neuronale au point : « Caractéristiques propres aux connexions conscientes et inconscientes ».

développement du langage articulé et donc de la réflexion abstraite monologique qui permet de doubler en interne le monde externe[22]. Comme nous pouvons le remarquer chaque souvenir est « marqué » d'une « temporalité » qui nous permet de le situer plus ou moins précisément sur une ligne dans l'espace ; c'est pourquoi, pour être associables deux représentations doivent aussi posséder une connexion « temporelle ». Or, du fait de la labilité de l'attention et lors d'un état de sommeil paradoxal, il est possible d'associer une représentation sensorielle mémorisée ou un souvenir resté inconscient ou « atemporel » − sans « marque temporelle » − dans un rêve qui, possédant la « marque temporelle », pourra par association être remémoré ultérieurement en toute conscience. Par conséquent, comme nous le démonterons, il est certain que non seulement nous possédons des souvenirs et des représentations sensorielles et abstraites mémorisées − pré-monologiques et des représentations abstraites post-monologiques − dont nous ne pouvons pas nous souvenir à l'état de veille, mais aussi que ces informations inconscientes peuvent influencer le raisonnement conscient à son insu, comme nous l'avons vu dans le Livre I avec la matrice du capital, et même en prendre le contrôle comme nous le verrons au 3ème chapitre.

---

[22] *Sigmund Freud, O.C. XV, op. cit., p. 299*

«Nous avons appris d'expérience que les processus animiques inconscients sont en soi atemporels. »

Exemple de souvenir pré-monologique resté inconscient [23]

Lors d'une conversation informelle avec un collègue de bureau, je lui demandai de quelle époque datait son plus ancien souvenir, il me répondit qu'il devait avoir 2 ans ; je répliquai, fort du résultat de mes recherches (à deux ans l'aptitude à monologuer n'est pas encore acquise), que cela était totalement impossible et qu'il devait s'agir d'un souvenir raconté par un proche parent, ou d'un rêve révélant des faits réels qu'il put ultérieurement confirmer auprès de ses proches. Stupéfait, il me confirma qu'il s'agissait bien d'un rêve révélant un fait réel dont-il ne pouvait pas se souvenir : sa maman lui confirma que vers l'âge de 2 ans il faillit s'étouffer en tétant un biberon.

Le souvenir « atemporel » a été intégré dans une réflexion onirique durant le sommeil paradoxal, à l'aide possiblement d'un fait du jour mémorisé et associable au souvenir resté inconscient. Pendant le sommeil paradoxal il se produit une activation de l'aire cérébrale du langage qui va « marquer » le rêve de la connexion « temporelle », ce qui lui permettra d'être rappelé par association lors du réveil ; contrairement au souvenir pré-monologique inconscient qui lui restera « atemporel » et donc non associable à l'état de veille conscient, et cela du fait qu'il fut mémorisé avant que le sujet ait conscience de sa propre existence, donc en l'absence de connexion « chronologique ou temporelle » à une réflexion monologique qui n'existait pas encore[24]. À l'état de veille

---

[23] Ce fait et la démonstration théorique au point suivant invalident irrévocablement l'hypothèse formulée par les Professeurs Paul Frankland et Sheena Josselyn d'une mémoire infantile détruite (Congrès Annuel de l'Association Canadienne des Neurosciences CAN-ACN 2013).

[24] *http://reflexions.ulg.ac.be/cms/c_7611/anatomie-du-sommeil*

« temporelle » (donc de la conscience), la réflexion ne peut utiliser que des données mémorisées « temporelles » ; par contre la réflexion « atemporelle » – inconsciente – utilisera toutes les données mémorisées « temporelles » et « atemporelles » associables[25]. Durant le sommeil paradoxal l'activité liée aux perceptions sensorielles d'informations externes est très faible, l'attention ou l'activation neuronale est concentrée sur la réflexion onirique[26]. Il arrive parfois que des informations sensorielles soient perçues, mais jusqu'au réveil elles seront considérées comme faisant partie du rêve *(voir exemple : Sigmund Freud, IV O.C. puf, 6. Sur la symbolique urinaire. p. 413.414.).*

REM

« Rapid Eye Movement sleep encore appelé sommeil paradoxal. Il se caractérise par un tracé EEG ('électro-encéphalographie) ressemblant à l'éveil, des mouvements oculaires rapides, une atonie musculaire interrompue par des secousses musculaires. Le sommeil paradoxal est associé de manière privilégiée aux rêves. »

[25] Cet état particulier du traitement sans discernement de l'ensemble des informations : monologiques, imaginaires et inconscientes – qui empêche la classification des informations par ordre d'importance de chronologie et de degré de réalité –, peut être atteint à l'état de veille dans une réflexion que l'on nomme « schizophrénie » ou « délire paranoïde » ; ce qui constitue, tout comme le suicide, le résultat de l'évolution particulière et symptomatologique possible d'un mal-être permanent obéissant toujours, dans son principe général, à la même cause pathogène.

[26] *Léonard de Vinci, I. B.M. 278.v. op. cit., p. 84*

« Pourquoi l'œil voit-il une chose plus nettement en rêve, que l'imagination à l'état de veille ? »

Caractéristiques propres aux connexions conscientes et inconscientes

Il est évident qu'il n'existe aucune « marque temporelle » de l'information, attendu que la « temporalité » comme la connexion « temporelle » de l'information n'apparaissent que si la réflexion abstraite peut, en s'émancipant de la réflexion sensorielle, devenir le point fixe d'observation de la « course du soleil », de la succession des jours aux nuits et d'une manière générale du déplacement de l'information, pour finalement mémoriser les évènements dans leur chronologie. J'ai utilisé cette hypothèse erronée dans une première tentative de compréhension que j'ai gardée par souci pédagogique, voyons maintenant ce qu'il se passe concrètement.

Pour observer un objet, il nous faut non seulement développer un organe visuel mais aussi disposer d'une mémoire. C'est pourquoi, pour une même information observée le cerveau doit continuellement en associer au minimum deux : la perception permanente et visuelle de l'objet observé et la représentation visuelle du même objet. Il en va de même pour le langage conscient qui utilise la mémoire à long terme et associe la représentation sonore du mot à la représentation sensorielle de l'information désignée par le mot (le langage par signes gestuels associe deux représentations visuelles différentes : la représentation visuelle du geste indiquant le mot, associée à la représentation visuelle de l'information désignée par le mot). En développant l'abstraction, le langage, le monologue ou la conscience, l'affectivité et la temporalité, l'information se multiplie et se connecte de façon exponentielle (cette multiplication exponentielle de l'activité neuronale ne détruit pas, contrairement à l'hypothèse des professeurs Paul Frankland et Sheena Josselyn, la mémoire pré-monologique)[27].

---

[27] En effet, comme nous allons pouvoir le vérifier, nous possédons tous des représentations mémorisées pré-monologiques qui ne peuvent pas avoir été détruites puisqu'elles constituent pour certaines l'essence sensorielle et sémiologique sur laquelle se fonde la réflexion abstraite monologique. Si cela

Ce nouvel état permet aux informations nouvellement mémorisées et aux souvenirs de posséder des connexions synaptiques différentes (résultat de l'interaction, à l'état de veille, entre des connexions neuronales de représentations sensorielles, abstraites, sémiologiques et monologiques), de celles mémorisées avant l'état de conscience monologique (uniquement sensorielles, abstraites et sémiologiques inconscientes), et principalement la connexion à leur double monologique. En effet, pour qu'un souvenir puisse être remémoré en permanence, il doit posséder une connexion permanente à son double interne, c'est-à-dire aux mots qui permettent le récit narratif. Vu le grand nombre d'informations mémorisées et potentiellement utiles, l'activation des aires cérébrales doit être faite en fonction de priorités déterminées par les données propres à chaque résolution de problème (en réalité, propres au rééquilibrage de tout déséquilibre homéostatique : ce qui constitue le principe physiologique général propre à la résolution de tout problème particulier). L'attention est incapable, étant monopolisée à l'état de veille par l'activité des connexions monologiques et sensorielles, de s'investir dans l'activation d'informations qui ont été mémorisées avant le développement de la pensée monologique, et ne disposant pas de fait de connexions à leurs doubles abstraits, monologiques ou conscients et temporels, parce que inexistants, attendu qu' à ce moment les mots monologiques – permettant le récit narratif ou la réflexion monologique – étaient aussi inexistants (comme nous l'avons illustré précédemment avec l'expérience des Professeurs Sperry et Gazzaniga sur des sujets dont le corps calleux avait été sectionné, ou comme nous le verrons dans le cas de données culturelles inconscientes post-monologiques parce que mémorisées par conditionnement). Autrement dit, pour être

---

n'était pas le cas, l'enfant devrait régresser au cours de son développement puisque les signes mémorisés, qui lui permettent de communiquer à partir de plus ou moins 1 an, devraient disparaître et ses propres parents lui apparaître comme des inconnus.

associée inconsciemment à l'état de veille conscient (et non remémorée à la demande de la réflexion monologique, puisque, comme nous l'avons vu précédemment, le double mémorisé et représentant à l'identique une même information observée − ne possédant pas de double monologique −, n'est pas visible pour la conscience), un souvenir, ou une représentation sensorielle mémorisée avant l'état de conscience, devrait pouvoir être associée à son double conscient ; ce qui est impossible, à moins qu'il ne s'agisse d'une personne, d'un objet, d'un son, d'une texture, d'une saveur, d'une odeur, d'une image ou d'un film cinématographique, vu que les évènements passés d'une vie ne peuvent jamais se reproduire. Néanmoins, il sera possible lors d'un désinvestissement de l'activité de veille, durant le sommeil paradoxal ou peut-être même sous hypnose, de transférer cet investissement et de créer ou d'activer directement des connexions permettant d'associer des souvenirs et des représentations sensorielles mémorisées pré-monologiques − sans doubles abstraits monologiques ou conscients − aux données utilisées par le rêve (connexions qui seront interrompues lors de l'éveil)[28]. Le rêve, dont on se souvient par association à l'état de veille, doit obligatoirement posséder la connexion propre à la réflexion monologique, c'est-à-dire avoir été connecté à l'aire cérébrale du langage intervenant dans la pensée consciente (comme nous le savons, il est assez commun qu'une personne s'exprime oralement durant un rêve)[29].

---

[28] *Pierre Janet, La médecine psychologique 4. - La liquidation des souvenirs traumatiques et la psycho-analyse, op.cit., p. 24*

« Les magnétiseurs avaient tous insisté sur l'état particulier de la mémoire pendant les somnambulismes provoqués. Ils avaient décrit bien souvent un fait curieux, c'est que le sujet, pendant cet état, est capable de raconter une foule d'événements de sa vie auxquels il ne fait aucune allusion pendant la veille et qu'il semble avoir complètement oubliés après le réveil. »

[29] *Sigmund Freud. XIV O.C. puf, p. 207*

« Je rêvai un jour, dans un certain contexte, d'une personne qui m'avait à coup sûr rendu un service et que je voyais nettement devant moi. C'était un borgne, de petite taille, gros, la tête profondément enfoncée dans les épaules.

Il faut préciser un point capital : parler ou activer l'aire du langage durant le sommeil ou sous hypnose ne signifie pas que l'on puisse monologuer pendant ces deux états particuliers. La capacité à monologuer oralement ou sans expression orale est l'exclusivité d'un état de veille, ce qui permet de distinguer le monde interne du monde externe et la pensée dite « consciente » de toutes les autres réflexions dites « inconscientes ».

Pour ceux qui douteraient encore de la réalité scientifique des développements théoriques ici présentés et corroborés par l'expérience des Professeurs Sperry et Gazzaniga; il existe une hypothèse à démontrer qui justifierait votre scepticisme, c'est par la simple expérience personnelle de réussir à démentir l'affirmation qui suit: il est totalement impossible, à l 'état de veille et de son propre chef (c'est à dire sans être déterminé par la perception sensorielle d'une information externe associable et de fait sans expression orale), de se remémorer un quelconque souvenir sans faire appel aux mots monologiques. En effet, un évènement personnel passé et stocké dans la mémoire à long terme ne peut jamais se reproduire; le seul moyen de s'en rappeler c'est de faire appel à l'information connectée au souvenir, présente à l'époque du fait mémorisé – associée en permanence à son double interne différent –, et quant à elle toujours directement accessible , qui permettra la remémoration en activant sa connexion au souvenir : cette information est le « mot » qui permet le récit narratif du fait mémorisé, qui lui peut être reproduit à la demande, directement et à l'infini durant toute une vie. En conséquence, et attendu qu'un sujet ayant un corps calleux coupé ne devient pas amnésique, tous les souvenirs monologiques sont localisés dans

---

Je déduisis du contexte que c'était un médecin. Par bonheur, je pus demander à ma mère, qui vivait encore, à quoi ressemblait le médecin de ma ville natale, que j'avais quittée à trois ans, et j'appris d'elle qu'il était borgne, petit, gros, avec la tête profondément enfoncée dans les épaules; j'appris aussi au cours de quel accident, oublié de moi, il m'avait porté secours. »

l'hémisphère gauche et tous les souvenirs pré-monolgiques dans l'hémisphère droit.

Comme l'a parfaitement constaté le Professeur Mark Wheeler, l'enfant, qui ne dispose pas encore d'une pensée monologique (qui ne peut pas monologuer ou doubler en interne une réflexion langagière sémiologique), ne peut pas se connecter au souvenir d'une réflexion sémiologique exclusivement avec des signes qui ne possèdent pas de connexions directement actives. Ce niveau de langage, où les signes ne peuvent être détachés de l'expérience sensorielle qui permet de les activés uniquement dans un dialogue sémiologique, est celui qui ne peut être dépassé par le bonobo à qui l'on a enseigné le nombre limité de signes qu'il peut mémoriser et associer aux informations désignées et perçues (du fait des capacités limitées parce que adaptées d'un cerveau n'ayant pas eu la nécessite d'évoluer) [30].

Exemple de réflexion associative possédant une dynamique inconsciente et interférent dans la réflexion monologique

Connaissant l'objet de mes recherches, un collègue m'informa qu'immanquablement lorsqu'il se lave les mains au bureau le souvenir du centre thermal, où il aime se détendre, est remémoré spontanément sans la moindre sollicitation

---

[30] *La Recherche. La mémoire et l'oubli - 30/06/2001 par Mark Wheeler dans mensuel n°344, p. 16*

« Or on voit pourtant des enfants de 3, voire 4 ans, échouer à réaliser certaines tâches de mémorisation de manière encore plus radicale que les patients les plus profondément atteints d'amnésie. Ces enfants sont parfois incapables de se rappeler une conviction pourtant affichée et verbalisée quelques secondes plus tôt. Comment expliquer une telle contradiction ? Comment un individu doué d'une mémoire déclarative opérationnelle peut-il ne pas se souvenir d'une pensée qu'il vient d'avoir et d'exprimer ? »

consciente de la mémoire. Il me fit remarquer que le parfum du savon fourni au bureau était identique à celui fourni par le centre de détente.

Cet exemple mérite toute notre attention parce qu'il illustre le mécanisme traitant des données ayant le même caractère dynamique inconscient mais impliquées dans tous les troubles permanents du comportement produits par déficit affectif permanent (en réalité, par un déséquilibre homéostatique permanent résultant d'un rapport neuronal conditionnel à soi-même insatisfaisant).

Que perçoit la réflexion attentive et consciente du collègue ?

1° Une perception sensorielle : le parfum du savon (au bureau).
2° Le souvenir du centre de détente.

L'analyse effectuée par mon collègue lui permit de déduire par association, que la réminiscence fut possible parce que le savon fourni au centre de détente possède un parfum identique à celui du bureau. Et pour que cela soit possible il faut évidemment que la réflexion associative inconsciente ait utilisé deux représentations sensorielles identiques du parfum en question : celle perçue au bureau et celle mémorisée du centre de détente (ce qui démontre que la perception sensorielle d'une information résulte bien de l'aptitude naturelle à générer deux doubles mémorisés identiques représentant cette information en activant entre eux leur connexion synaptique). Or, fait remarquable mais logique (les informations étant identiques comme lorsque l'on observe un même objet), la réflexion attentive consciente n'a pas distingué la deuxième représentation sensorielle précédemment mémorisée (le parfum du savon du centre de détente) ; et comme nous l'avons vu, cette donnée – mémorisée par la réflexion sensorielle inconsciente (à l'insu de la réflexion monologique), ne possédant pas de double abstrait monologique – ne peut être associée que par un double identique nouvellement perçu (le parfum du savon au bureau). Il est très important de remarquer que la représentation sensorielle initialement mémorisée et

41

inconsciente (le parfum du savon du centre de détente), bien qu'elle ne soit pas perceptible par la réflexion monologique, possède une dynamique inconsciente – une connexion neuronale au souvenir du centre de détente – permettant à la réflexion monologique d'être informée sans la moindre demande consciente de remémoration[31].

J'ai eu la grande chance d'affiner l'analyse de cette expérience avec la perception personnelle de l'arôme d'un mets asiatique auquel fut associé le mot « *foire* » qui en l'occurrence représente le double monologique du souvenir de la foire d'attraction de ma région (stocké dans la mémoire à long terme), où l'on peut consommer des beignets aux pommes ayant une odeur identique à celui du mets en question (dont l'ingrédient principal est de la viande de bœuf, par conséquent une représentation visuelle non associable au souvenir remémoré). La perception sensorielle olfactive du mets asiatique s'est donc associée tout d'abord à une représentation olfactive identique et inconsciente ne possédant pas de double monologique conscient – *l'odeur mémorisée des beignets* –, activant une connexion neuronale abstraite à deux représentations visuelles distinctes restées inconscientes – *la foire et les beignets* – mais possédant un double abstrait

---

[31] La réflexion associative inconsciente est dynamique et autonome. Son but est le maintien de l'équilibre homéostatique. Cette recherche permanente d'équilibre est déterminée par ce que Sigmund Freud nomme « le tertium comparationis » : la qualité satisfaisante ou insatisfaisante – en réalité l'équilibre ou le déséquilibre homéostatique – attachée aux représentations comparées et au donc au résultat de la comparaison.

Sigmund Freud, O.C. XII. puf, p. 111

« *La nature de ces symboles n'est pas encore appréhendée par la recherche avec clarté suffisante ; ce sont des remplacements et des comparaisons fondés sur des similitudes qui pour une part apparaissent clairement ; mais pour une autre partie de ces symboles, le tertium comparationis (l'élément commun grâce auquel deux objets, situations, idées, etc. peuvent être comparés) qu'on doit présumer a échappé à notre connaissance consciente.* »

identifiable par la réflexion monologique, en l'occurrence le mot « *foire* » associé au mot « beignet » ; ce qui permet à la pensée consciente, sans demande consciente de remémoration, d'être informée par le double accessible en permanence. Il faut remarquer que, comme dans l'exemple précédant et contrairement à ce qui semblerait logique, associer l'odeur à l'objet qui la dégage, la réflexion monologique est en priorité informée du lieu où l'odeur fut mémorisée (le double abstrait distinct) ; ce qui démontre que la réflexion abstraite inconsciente, à l'état de veille, est bien le résultat de l'aptitude naturelle à activer l'association de deux représentations sensorielles différentes et mémorisées identifiant une même information. Ensuite la réflexion monologique révèle, par l'association ou la remémoration consciente du mot « beignet », les connexions inconscientes entre les représentations sensorielles, sémiologiques et monologiques des informations : « arôme, foire et beignet ».

Nous venons de démontrer : d'une part que toute espèce animale dotée au minimum de deux organes sensoriels possède, à l'état de veille, une réflexion abstraite inconsciente ; et d'autre part que la réflexion inconsciente est totalement autonome, dynamique – au service exclusif d'une volonté universelle dont le seul but est la recherche d'un équilibre homéostatique satisfaisant ou naturel – et qu'elle peut, de fait, interférer dans la réflexion monologique ou consciente, l'influencer et même en prendre le contrôle si la réflexion monologique la conditionne avec des informations culturelles totalement irrationnelles, comme nous allons le démontrer et le constater aux chapitres 2 et 3.

La réflexion conditionnelle pathogène ou l'essence du complexe de culpabilité

« Toi qui médites sur la nature des choses, je ne te loue point de connaître les processus que la nature effectue ordinairement d'elle-même, mais me réjouis si tu connais le résultat des problèmes que ton esprit conçoit. » [32]

Léonard de Vinci

Libérée de toute expertise sensorielle la pensée monologique ou consciente permit à l'erreur inconsciente de sortir l'idée de son cadre naturel[33], pour imposer un déséquilibre énergétique permanent – parce que fondé sur un échange contraint et totalement arbitraire de la force physique transformée en force de travail – qui fut à l'origine d'une civilisation de la discorde mise au service d'une idéologie de la faute, de la responsabilité, de la culpabilité et de la sanction dans la glorification du bien ; générant la fonction morale, en l'occurrence l'éducation par

---

[32] *Léonard de Vinci, I.G 47 r. op. cit., p. 74*

[33] Transformer une idée en vérité revient à la sortir de son cadre naturel – formé par l'hypothèse (dans le domaine des sciences) et l'inspiration (dans les domaines des techniques, des arts et des religions) – en lui donnant une fonction arbitraire : mystifier l'ignorance. Ce qui constitue le fondement idéologique de toutes les créances et de toutes les croyances qui empêchent une régulation sociale naturelle.

répétition, ou conditionnement, à l'apprentissage inconscient d'une réflexion abstraite conditionnelle et pathogène ne possédant pas de double monologique associable (un souvenir précis doublé par la réflexion monologique), et qui par conséquent ne peut pas être directement identifiée ou vue par la pensée consciente.

Cependant – n'étant nullement dépourvue de connexions neuronales aux informations possédant un double monologique –, la réflexion conditionnelle peut déterminer la pensée conscience à son insu et même en prendre le contrôle (comme nous le verrons avec les exemples pratiques au 3ème chapitre). En conséquence, pour activer la réflexion abstraite culturellement conditionnée et inconsciente (dont nous prendrons connaissance plus avant dans la théorie), il est nécessaire qu'elle soit déclenchée, à l'état de veille, par une information que je qualifie d' « *obstacle exogène* » incompatible du point de vue du sujet naturel (menaçant directement l'intégrité physique du sujet naturel ou indirectement – puisque seul un corps physique peut ressentir une insatisfaction – en menaçant l' intégrité « morale » du sujet culturel), ou lors d'un rêve pendant le sommeil paradoxal, par une information « obstacle endogène » incompatible du point de vue du sujet culturel (ou du conditionnement « moral »); permettant d'expliquer, comme nous le verrons, la description psychanalytique faite par Sigmund Freud de la transformation d'un rêve « latent » en rêve « manifeste », mais ici en dehors de tout traitement monologique conscient de perceptions sensorielles externes puisque le sujet est endormi. Le caractère inconscient de cette réflexion conditionnelle est produit par l'impossibilité matérielle de l' identifier puisqu'elle ne possède pas de double conscient ou monologique ; rien, en dehors d'une analyse des troubles permanents du comportement, des conséquences physiologiques à l'origine de ce que nous nommons des sentiments angoissants, et d'une culture de la sanction de la « faute » qui détermine l'éducation de l'homme civilisé depuis sa plus tendre enfance, ne permet d'en matérialiser l'existence.

Avant d'aborder la démonstration théorique, voici un exemple extrême sur lequel nous reviendrons ultérieurement et qui illustre parfaitement le principe général de la réflexion conditionnelle pathologique initiée à la suite d'un « évènement obstacle exogène » (en l'occurrence un enlèvement suivit d'une séquestration avec abus sexuels), qui transforme un sujet naturel victime en sujet culturel coupable d'avoir commis une faute « générique » inconsciente parce que totalement inexistante en dehors du conditionnement culturel pathogène.

Remarque

Il est clair qu'il n'existe aucune faute, aucune responsabilité, ni aucune culpabilité « générique » stockée, comme un souvenir, dans une mémoire spécifique. J'utilise cette association erronée de mots uniquement pour matérialiser le caractère toujours identique du principe général de données particulières propres à chaque cas et qui entre en jeu dans le mécanisme de la réflexion conditionnelle. En effet, la réflexion conditionnelle pathogène n'est que la réplique contingente inconsciente de comportements, dont le principe général provient d'une éducation culturelle post-mésolithique et pré-monothéiste totalement arbitraire. C'est donc uniquement le mécanisme conditionnel endogène qui est « générique », puisqu'il devra être activé par la perception d'une information spécifique exogène bien réelle dans une réflexion inconsciente d'un sujet culturel qui utilisera aussi des informations conscientes: sensorielles mémorisées, des souvenirs et l'imaginaire en connexion avec la perception de son corps et du monde externe puisque le sujet est éveillé. [34]

---

[34] J'ai le souvenir d'un enfant d'une dizaine d'années qui dans un réflexe de protection portait systématiquement les mains à la tête, dès qu'un adulte trop proche de lui exécutait un mouvement inattendu et rapide. Il est évident qu'il n'existe aucune agression « générique » mémorisée, et que ce conditionnement à se protéger des coups qu'il recevait à la maison aurait été totalement invisible si l'une des conditions toujours exogène du déclenchement du mécanisme conditionnel « générique » mémorisé n'avait

Journal Le Soir [35]

« *Sabine restera séquestrée par Dutroux du 28 mai au 15 août 1996 : 81 jours. Dès le 8 juin, jour où Dutroux l'enferme dans la cache de sa cave, la petite tiendra, à l'insu de son ravisseur, un journal bouleversant, annoté de mots, lettres et sigles tels que « parti » (les jours où elle ne le voyait pas), « R » (revenu,), « + » (quand Dutroux « l'embêtait ») ou une étoile (quand il l'embêtait en faisant très mal).*

Dutroux a su conditionner Sabine au point de la convaincre rapidement que ses parents refusaient de payer la rançon et qu'en conséquence, un mystérieux chef était décidé à la tuer. Un conditionnement qui, dit le juge, a généré chez elle un sentiment d'abandon, de culpabilité et d'obsession de la mort. Il cite, à l'appui, des extraits de lettres de Sabine à sa maman que Dutroux promettait à Sabine de poster : Il m'a dit que tu lui as dit que vous vous étiez fait une raison, écrivait-elle.

Pardonnez-moi pour tout le mal que je vous ai fait. *Si je reviens, ce serait pour que nous nous fassions tous tuer, et ça, je ne le veux pas Savez-vous me dire pourquoi je suis ici ?*

Je n'ai rien fait à ce chef. Ce que j'espère, c'est que vous allez tous bien, que vous passez de bonnes vacances.

Le juge Langlois livre avec pudeur ces indices qui permettent de comprendre le calvaire que Sabine évoque encore dans une

---

pas été présente: la *proximité* d'un *adulte* exécutant un *geste brusque* et *imprévisible*.

[35] http://archives.lesoir.be/sabine-et-laetitia-victimes-manipulees-langlois-lave-ni_t-20040312-Z0P523.html

Sabine et Lætitia, victimes manipulées. Journal Le Soir. HAQUIN, RENE; METDEPENNINGEN, MARC; BELG. Vendredi 12 mars 2004, p.7.8

lettre qu'elle croit envoyée aux siens : Mon cœur cassé se reformera vite avec votre amour ; »[36]

Nous avons tous un jour ou l'autre transgressé en toute conscience, et pour certains d'entre nous commis des crimes abjects ; mais personne ne semble en mesure de comprendre la raison qui fera qu'à certaines occasions nous éprouverons des remords ou même un sentiment de culpabilité et à d'autres non[37]. Cette incompréhension ne peut pas être levée par l'hypothétique manifestation d'une « conscience morale » et d'une « pulsion d'agression » qui dépendraient d'un héritage génétique si bienvenu[38]. Le questionnement « moral » n'a pas

---

[36] Il est bien évidemment certain que l'agresseur n'est pas à l'origine du conditionnement culturel pathogène – dont il représente le parfait exemple « négatif » (au sens d'un pôle électrique ou sans jugement de valeur) –, qu'il déclenche chez sa victime en la séquestrant et en la manipulant avec des mensonges ; annihilant chez elle tout raisonnement rationnel, ou toute expertise sensorielle naturelle, en réveillant le sentiment douloureux parce que permanent d'une culpabilité culturelle générique (inexistante en dehors du conditionnement culturel pathogène inconscient), qu'elle doit justifier, sous la contrainte de la réflexion conditionnelle, en matérialisant la faute générique par la connexion aux souvenirs de « fautes » personnelles effectives.

[37] *Sigmund Freud, O.C. XVIII, puf, « Le malaise dans la culture », p. 313*

« Tant que tout se passe bien pour l'homme sa conscience morale, elle aussi, est clémente et passe au moi toutes sortes de choses; quand un malheur l'a frappé, il fait retour sur lui-même, reconnaît son état de péché, accroît les revendications de sa conscience morale, s'impose des abstinences et se punit par des pénitences. »

[38] *Ibid., p. 306*

« (...) le penchant inné de l'homme au « mal », à l'agression, à la destruction et par là aussi à la cruauté, « d'une pulsion d'agression particulière et autonome. »

de caractère permanent, parce que la mémoire « morale » de référence est acquise par un conditionnement culturel erroné et n'intervient que dans la mesure où la condition externe de sa sollicitation est présente : c'est-à-dire uniquement lorsque un évènement « obstacle exogène » empêche deux représentations abstraites et culturelles du sujet naturel de s'associer en générant un insatisfaction ou le problème « moral » (un déséquilibre homéostatique à l'origine du questionnement « moral »). Le fait qu'un enfant meurt de faim toutes les cinq secondes ne constitue pas un évènement «obstacle exogène » suffisamment puissant pour tout le monde, puisqu'il n'altère pas la santé mentale ni même l'appétit de la fraction de l'humanité qui – consciente et interpellée par la situation mais sans en être la victime même indirecte – peut manger à sa faim et au delà.[39] Ce que nous nommons à tort la « conscience morale » ou le « surmoi » en psychanalyse, et contrairement à ce que pensent les professeurs David Premack et Marc Hauser, n'est pas généré par un introuvable module ou organe moral cérébral inné, permettant à l'homme de distinguer « le bien » du « mal » ; puisqu'il s'agit d'une illusion produite par l'interaction entre une volonté homéostatique (en quête permanente d'un équilibre énergétique satisfaisant), une conscience monologique (permettant d'avoir accès aux informations mémorisées et de voir les informations traitées par la réflexion sensorielle et abstraite), et une mémoire « morale » (possédant des informations culturelles erronées parce que inculquées par un conditionnement culturel totalement arbitraire), avec deux réflexions : la première est associative (naturelle, inconsciente et consciente), et la deuxième culturellement conditionnée (donc conditionnelle, inconsciente mais pathogène). Nous tenons à préciser qu'un sujet dit « asocial » possède évidemment cette mémoire « morale affective » et cette réflexion conditionnelle pathogène, ce qui le différencie d'un sujet dit « social », ce n'est pas un

---

[39] Par « évènement obstacle exogène », nous entendons toute information qui provoque un déséquilibre homéostatique en menaçant l'intégrité physique du sujet naturel ou « morale » du sujet culturel.

conditionnement corrompu par un milieu culturel irrationnel – auquel les deux sont, comme « La Matrice du Capital » le démontre, bien évidemment soumis (attendu que tous, à des degrés divers, nous sommes contraints de transgresser) – mais le choix de l'unique alternative à l'acceptation d'une « responsabilité générique » et personnelle que constitue le rejet pathologique parce que permanent de toute « responsabilité générique » sur autrui (en réalité le report inconscient et exclusif du mécanisme conditionnel générique sur autrui), dont le plus notoire représentant fut l'instigateur de la « Solution finale ». *Le questionnement « moral » conditionnel est déclenché par une information « obstacle exogène » générant un déficit affectif et donc un déséquilibre homéostatique qui peut devenir pathologique si le mécanisme conditionnel générique et « moral » déclenché prend le contrôle de la pensée monologique consciente.* Comme dans la théorie de la relativité, chaque voyageur emporte avec lui son propre « temps » atomique, son propre « temps » biologique, et donc aussi sa propre « morale » culturelle; mais sans un évènement « obstacle exogène » il n'y aura pas de déficit affectif et point de questionnement « moral ». L'état permanent de conflits de tout ordre dans lequel est plongée l'humanité depuis l'avènement du droit de créance totalitaire, et dont notre conscience est par ailleurs informée, ne peut manifestement pas être empêché par une « conscience morale », un « devoir de mémoire », ou une éducation au respect des règles morales et légales en vigueur. En effet, bien qu'il soit possible pour un maçon aguerri de déceler à l'œil nu la faible inclinaison d'un édifice, jamais il n'utilise l'idée qu'il se fait de la « rectitude » pour former des apprentis à l'édification d'une demeure dans le respect des lois de la gravité; or, c'est précisément ce que notre civilisation prétend réaliser en éduquant des individus naturels à l'idée culturelle qu'elle se fait du bien et du mal, du juste et de l'injuste, de l'équilibre ou du déséquilibre , mais nous avons déjà résolu cette question dans le Livre I « La Matrice du Capital ».

Le corps naturel du névrosé culturel est le champ où se livrent bataille, dans un cercle vicieux pathologique, les réflexions associatives, monologiques, et culturellement conditionnées. Si le sujet naturel, à la suite d'un évènement « obstacle exogène » (menaçant son intégrité physique ou « morale ») – afin de libérer son corps d'un déséquilibre homéostatique provoqué par un déficit affectif – active la réflexion culturelle conditionnelle et si celle-ci trouve en lui le souvenir d' une « faute » qu'elle pourra associer à la « faute générique » (au mécanisme générique pathogène), elle transformera inconsciemment le sujet culturel en seul responsable d'une souffrance justifiée par une « culpabilité générique », conformément au conditionnement culturel pathogène. Greffée sur un corps naturel en recherche permanente d'équilibre homéostatique, la réflexion conditionnelle remplacera alors un déficit affectif insatisfaisant et occasionnel par un mal-être permanent, à l'origine d'un comportement pathologique parce que assujetti au conditionnement culturel. Cette réflexion pathologique, dont le seul but inconscient sera de contraindre le sujet culturel à prendre toutes les précautions nécessaires afin de ne pas commettre à nouveau une « faute générique » qu'il n'a jamais commise, prendra le contrôle de la pensée consciente; avec pour seule finalité d'asservir le sujet naturel à la morale pathogène d'un sujet culturel, dans une souffrance en évolution permanente parce que sans cesse croissante[40]. Comme l'avait

---

[40] *Ibid., p. 312*

« *A ce second stade de développement, la conscience morale présente une particularité qui était étrangère au premier et qui n'est plus facile à expliquer. Elle se comporte en effet avec d'autant plus de sévérité et de méfiance que l'homme est plus vertueux.* »

Faysal (1883-1933), prince de Hedjaz, citation reprise par Thomas Edward Lawrence (1888-1935), Les sept piliers de la sagesse. Payot, Paris 1940, p. 127

« *Le minerai admire-t-il la flamme qui le transforme ?* »

« *Le bien imposé est une souffrance, comme le mal imposé* »

51

très justement supposé Pierre Janet – bien que la symptomatologie puisse faire penser qu'il existe plusieurs pathologies à l'origine des différents troubles permanents du comportement –, dans leur principe général ils obéissent tous sans exception au même principe général d'un conditionnement culturel pathogène ; les différents symptômes observés ne résultent par conséquent que de l'interaction entre le mécanisme générique pathogène et les différences particulières externes et propres à chaque sujet (à l'image des différentes formes que prend la vie , le cristal de glace ou la névrose de guerre)[41].

Nous allons maintenant analyser la logique interne du conditionnement culturel post-mésolithique et pré-monothéiste, permettant de transformer, par le transfert d'une « responsabilité culturelle » dans la cause pathogène d'une civilisation irrationnelle, des sujets naturels en « victimes et en coupables culturels ».

---

[41] *Pierre Janet, La médecine psychologique, op. cit., p. 180*

*« On arrivera de plus en plus à comprendre que **les types de maladies mentales que nous distinguons comme de véritables folies ne sont que des degrés différents d'un trouble** qui a subi toutes sortes d'évolutions et dont le premier germe se trouvait dans les troubles du caractère. »*

Phases du conditionnement pathogène de la mémoire « morale affective » et conditions d'apprentissage [42]

L'expérience ci-dessous révèle les deux stades fondamentaux de l'apprentissage par conditionnement culturel pathogène, permettant l'acquisition de la mémoire « morale affective » et des réflexions conditionnelles associées.

L'observation du comportement d'un enfant me permit de constater qu'à partir de plus ou moins 4 ans (lorsque la réflexion monologique est acquise, ce qui permet à l'enfant de savoir qu'il existe et donc de penser en totale abstraction),

---

[42] Comme nous pouvons le constater ci-dessous, le conditionnement culturel pathogène est une réalité si bien ancrée dans l'inconscient collectif, qu'elle dénature la fonction d'une littérature scientifique qui prodigue des conseils pour rendre la sanction plus efficace.

Encyclopédie Universalis.

« Une assez grande part des apprentissages – dont l'importance est d'ailleurs un sujet de controverse – peuvent être regardés comme étant de type associatif : ce sont ceux qui reposent sur des liaisons entre deux événements bien différenciés. Ces événements peuvent être la réaction d'un individu et un stimulus ayant valeur de renforcement, ou un stimulus et une réponse, ou encore deux stimuli, mais leur contiguïté est toujours une condition nécessaire de l'apprentissage considéré. C'est la proximité temporelle qui joue ici le rôle déterminant, et l'apprentissage est d'autant plus difficile et plus fragile que l'écart est plus grand entre les deux éléments de la liaison : par exemple la sanction d'un acte, positive ou négative, qui ne survient pas immédiatement, perd de son efficacité à proportion de son retard.
La condition d'acquisition la plus favorable est évidemment celle d'une contiguïté constante et répétée; toutefois, si cette contiguïté est seulement fréquente, un apprentissage peut également s'établir. Comme dans le cas du délai, la psychologie expérimentale a pu établir ici des relations quantitatives et montrer que l'apprentissage était alors déterminé par la probabilité qu'avait l'événement A d'être accompagné par B. »

l'enfant pris en « défaut » niera ou rejettera systématiquement la responsabilité de la commission de la « faute » (parfois même sur congénère absent au moment des faits), en aucun cas il ne reconnaîtra les faits. Cette attitude est caractéristique du comportement de l'enfant jusqu'à plus ou moins 6 ans. Ensuite, lorsque le conditionnement culturel est entré dans sa deuxième phase, on peut lui faire admettre qu'il a menti parce que l'enfant sait maintenant qu'il a menti et connaît le danger encouru (l'alternative étant de rester fixé sur la première phase du conditionnement, c'est à dire dans le rejet permanent de toute « responsabilité générique », ce qui caractérise le sujet dit « asocial » et le comportement collectif qui désigne un « bouc émissaire» familial, scolaire, professionnel, religieux, ethnique...). Vers l'âge de 4 ans, dans la première phase du conditionnement, l'enfant ne peut maîtriser une angoisse provoquée par le conflit interne que génère l'autorité affective, confirmé par le fait qu'il ne reconnaîtra pas les faits; mais la représentation abstraite et satisfaisante de soi existe. Le mécontentement exprimé par l'autorité affective génère un conflit interne provoqué par l'impression d'un risque de rupture insurmontable, puisque l'autorité affective dont dépend l'existence de l'enfant semble représenter un danger. L'enfant se sent instinctivement en danger d'abandon, ce qui en l'occurrence constitue *« l'évènement obstacle exogène fondateur » (la menace d'une potentielle rupture avec l'autorité affective),* qui par répétition ou conditionnement génèrera *« l'évènement obstacle endogène ou générique» que constitue la réflexion conditionnelle, et qui permet de créer une opposition affective inconsciente, ou consciente mais totalement incomprise, entre le sujet culturel et le sujet naturel d'un même individu.* L'enfant associe la réprobation de la « faute » à un danger, à une insatisfaction qui déclenchera une réflexion instinctive de défense[43]. *Dans la première phase du*

---

[43] Le bégaiement apparaît vers +/- 4 ans. Le bègue associe inconsciemment la prise de parole à un événement insatisfaisant resté inconscient mais possédant une dynamique interférant dans la réflexion monologique, qui a dû nécessairement se produire pendant cette période particulière dont nous ne pouvons pas nous souvenir et qui correspond à la prise de conscience de notre propre existence (c'est-à-dire lorsque le sujet inconscient est doublé par le

conditionnement l'enfant adopte un comportement conforme à l'éthique naturelle, il nie l'évidence pour annuler la cause du danger mais ignore le mensonge et sa fonction (tromper autrui). La tension nerveuse – générée par la permanence du danger – le force à ne pas avouer, ce qui signifie qu'il est contraint de mentir tout en ignorant qu'il ment. L'enfant ne sait pas encore que la réprobation de la « faute » n'implique pas un tel danger; s'il parvient à faire disparaître l'information à laquelle il est associé et qui cause l'insatisfaction mutuelle, il se sauve. Il retrouvera la perception satisfaisante de lui-même par la destruction de la « faute » ou lorsque l'insatisfaction de l'autorité affective sera passée, donc du danger lié à la potentielle rupture affective (*l'évènement obstacle exogène originel*). Confronté à un danger abstrait, cet événement doit être l'une de nos premières expériences angoissantes, comme celle qui durant l'enfance consiste à prendre conscience de sa propre fin. Je tiens à préciser que l'enfant ne craint absolument pas le caractère « négatif » des faits qui lui sont reprochés (qui dans son chef sont bien évidement satisfaisants), mais simplement l'attitude de l'autorité affective qui lui signifie que les faits sont « fautifs »; ce qui explique la naissance de la première réflexion conditionnelle pathogène, qui constitue la condition universelle de toute transgression consciente des règles morales et légales en vigueur : « *l'impunité cautionne la transgression* ».

La répétition infinie dans son principe général ou générique de cette expérience particulière donnera naissance à la mémoire et

---

sujet conscient). J'ai le souvenir d'un bègue, repris de justice, racontant dans un reportage de la RTBF, que lorsqu'il faisait irruption dans une banque afin de la dévaliser, il s'adressait aux employés en s'exprimant alors sans aucun handicap. Cet exemple illustre l'alternative culturelle au complexe de culpabilité qui, par un rejet inconscient et permanent de la faute et de la responsabilité génériques, pousse un individu à adopter un comportement violent à l'égard de semblables qu'il peut dominer, responsabiliser, culpabiliser et donc sanctionner par la force (la même force qui, conformément au conditionnement culturel, permet d'infliger une sanction morale ou légale).

aux réflexions « morales » conditionnelles (simultanées à la réflexion consciente) – sur lesquelles nous reviendrons plus en détail ultérieurement – qui ensemble formeront – lorsqu'elles seront activées par l'information « obstacle exogène » à l'origine du déficit affectif – ce que nous devrions appeler la « conscience immorale », puisque dans les faits l'éducation culturelle au « bien moral », transformant un sujet naturel en homme civilisé, commence par l'apprentissage du mensonge[44].

Remarque

C'est au prix d'une impossible construction théorique, utilisant les hypothèses erronées d' « une pulsion d'agression » et de l'héritage génétique d'une culpabilité ancestrale provenant de « la mise à mort du père originel par l'union des frères »[45], que Sigmund Freud tente d'expliquer le passage du premier – entre plus ou moins 4 et 6 ans – au second stade de l'acquisition de la « conscience morale » (après plus ou moins 6 ans). En

---

[44] *Sigmund Freud. O.C XVIII. puf, op. cit., p. 311*

« On appelle cet état » mauvaise conscience » mais à vrai dire il ne mérite pas ce nom, car à ce stade la conscience de culpabilité n'est manifestement qu'angoisse devant la perte d'amour, angoisse sociale. Chez le petit enfant elle ne peut jamais être quelque chose d'autre... »

Ibid., p. 312

« Un grand changement n'intervient que lorsque l'autorité est intériorisée par l'érection d'un sur-moi. Par là, les phénomènes de conscience morale sont haussés à un nouveau stade; au fond, c'est seulement maintenant qu'on devrait parler de conscience morale et de sentiment de culpabilité. Dès lors disparaît l'angoisse d'être découvert et, qui plus est, la différence entre faire le mal et vouloir le mal, car rien ne peut se cacher du sur-moi, pas même les pensées. »

[45] *Ibid., p. 214. 318*

reconnaissant très honnêtement que ces hypothèses sont contradictoires[46].

La mémoire « morale affective » et les « réflexions conditionnelles pathogènes » associées, qui ensemble constituent ce que nous nommons à tort « la conscience morale », procèdent par conséquent de quatre conditions particulières :

• La première est naturelle puisqu'il s'agit d'une dépendance vitale et donc d'une subordination naturelle à l'adulte, qui se transformera en dépendance affective lorsque l'enfant prendra conscience de sa propre existence.

• L'apprentissage des règles « morales » en vigueur par la satisfaction ou l'insatisfaction du besoin affectif de se savoir « aimé » de l'être chargé de l'éducation « morale », et dont on a besoin pour la satisfaction des propres besoins physiologiques, en finalité pour atteindre son propre équilibre homéostatique.

• Que cet apprentissage reçoive des milliers de confirmations entre la petite enfance et l'âge adulte[47].

---

[46] *Ibid., p. 316. 317. 326. 322*

« A vrai dire, la contradiction de cette thèse avec la genèse de la conscience morale déjà exposée n'est pas si grande... »

« Des deux conceptions, laquelle a raison ? La première, qui nous apparaissait génétiquement inattaquable, ou la nouvelle, qui parfait la théorie d'une façon si bien venue ? »

« Même si cette thèse n'est exacte que par approximation, elle mérite notre intérêt. »

« On devrait pouvoir comprendre ces choses une fois pour toutes, mais on ne le peut pas encore. »

[47] *Sigmund Freud, O.C. XII. op. cit., p. 208*

• La contiguïté de trois événements : la commission de la « faute » personnelle – la transgression particulière – justifiant le déficit affectif (l'autorité affective se fâche, il y a risque de rupture), et la sanction de la commission de la « faute ».

Notre civilisation – fondée à tort sur une régulation arbitraire de l'énergie – pense pouvoir préserver son existence par la correction a posteriori de toute transgression culturelle dérivée d'un droit de créance totalitaire, ce qui est impossible[48].

La représentation « morale » de soi sera évidemment inadaptée parce que conditionnée par une éducation psychoaffective et socioculturelle pathogène, et ce quelle que soit la qualité de la relation à l'autorité affective ; puisque, comme nous l'avons démontré dans « La Matrice du Capital », même si nous prenons le soin de ne jamais sanctionner nos enfants au sein de la sphère familiale (rationnelle sur le plan de la régulation énergétique), et à moins de vivre sur une île déserte ou au sein

---

« Mais c'est là le caractère essentiel de tout état amoureux. Il n'en est aucun qui ne répète des prototypes infantiles. C'est justement ce qui constitue son caractère marqué de contrainte, évoquant le pathologique, qui provient de son conditionnement infantile. »

[48] *Michel Onfray, Manifeste hédoniste, Autrement, p.26*

« Qui donne de la jubilation en reçoit en retour, qui inflige des passions tristes écope d'une mise à distance-non pas la haine, le mépris, la rancœur ou la rancune, l'antipathie, qui abîment l'âme par la corruption des toxines du ressentiment, mais la sortie de ces cercles éthiques, l'effacement de son monde. »

Ibid., p. 27

« Déceler un délinquant relationnel, c'est savoir qu'il le sera toujours : l'éviction de son dispositif éthique, voilà la solution pour créer du plaisir par prophylaxie d'évitement de déplaisirs... »

d'une culture de tradition orale, nos semblables seront légalement ou illégalement contraints de s'en charger pour nous, attendu que vivant au sein d'une organisation sociale totalement irrationnelle (sur le plan de la régulation énergétique), nos enfants seront naturellement contraints, comme tout être naturel vivant au sein d'une culture où règne l'asservissement mutuel, de transgresser en toute conscience les règles morales et légales en vigueur.

• Relation affective « sociale » d'apprentissage : la commission de la « faute » est inconsciemment associée à la perte de l'être aimé (l'autorité affective chargée du conditionnement culturel pathogène) ; générant une insatisfaction pathogène lorsque la « culpabilité générique » devient permanente (empêchant d'associer deux représentations culturelles du sujet naturel).

• Relation affective « asociale » d'apprentissage : la commission de la « faute » est inconsciemment associée à la perte satisfaisante de l'être méprisé (ou aimé et méprisé générant une ambivalence permanente) ; générant un comportement pathologique lorsque la « responsabilité générique » est systématiquement rejetée sur autrui. [49]

La mémoire « morale » deviendra une donnée fondamentale de la représentation affective du sujet culturel, mais potentiellement pathogène parce que déterminée par la qualité de la relation affective d'apprentissage ainsi que du degré toujours corrompu d'un milieu culturel conditionnant pathogène. Nous pouvons en déduire que l'éducation par conditionnement pathogène aux valeurs « morales » en vigueur est stimulée par l'être qui la transmet s'il satisfait celui qui l'acquiert, puisque ce dernier associera par identification

---

[49] *http://fondation.ulb.ac.be/fr/cleeremans/*
« Le Pr. Axel Cleeremans montre que la coercition érode réellement le sentiment de responsabilité et atténue même la réponse neurale de notre cerveau (Current Biology mars 2016). »

inconsciente la transgression de l'interdit « culturel » à un état d'angoisse lié à un déficit affectif inconscient (la peur d'un danger abstrait et non pas, comme le pense la littérature scientifique, la crainte d'une sanction qui n'a jamais empêché une récidive toujours déterminée par la cause et la condition universelles aux transgressions conscientes). Nous pouvons maintenant expliquer les potentielles déviances résultant d'une réflexion initiée par l'enfant – futur adulte – à la suite d'une relation affective satisfaisante ou insatisfaisante d'apprentissage. En finalité, en présence d'un déficit affectif permanent ou pathologique, le sujet culturel sera contraint de choisir entre deux options : retourner inconsciemment sa défense contre lui-même (acceptant par conditionnement la « responsabilité générique » dans la cause de son mal-être permanent et donc la « culpabilité générique ») ; ou, s'il y a rupture d'identification affective, devenir un être potentiellement dangereux pour autrui (rejetant systématiquement la « responsabilité » sur autrui et donc la « culpabilité » qui appelle la sanction de la « faute générique »). Les deux déviances culturelles générées par ces réflexions inconscientes et pathologiques sont matérialisées par les termes mal compris et donc mal définis de « névrosé » et de « délinquant »[50]. Du fait d'un conditionnement culturel

---

[50] *Ibid., http://www.assemblee-nationale.fr/14/rap-info/i1085.asp*

«20 % des détenus seraient atteints de troubles psychotiques selon l'Observatoire international des prisons (OIP). Lors de son audition, l'Union générale des syndicats pénitentiaires CGT a même estimé à 30 % la proportion des personnes détenues présentant des troubles psychiatriques. »
«Le professeur Frédéric Rouillon, chef de service à l'hôpital Sainte-Anne à Paris, a mené une étude épidémiologique entre juillet 2003 et septembre 2004. Parmi l'échantillon analysé de 800 détenus masculins en métropole, cette étude a conclu à la présence de 21,4 % de troubles psychotiques dont 7,3 % de schizophrénies et 7,3 % de psychoses chroniques. Par ailleurs, 40,3 % des détenus présentaient un syndrome dépressif. »

Le sadomasochisme

Il me semble nécessaire de revoir les définitions du « masochiste » (qui se responsabilise inconsciemment d'une « faute » générique, et du « sadique »

pathogène capable de remplacer un évènement « obstacle exogène » occasionnel par l'« obstacle endogène » permanent que constitue la réflexion conditionnelle, le sujet culturel est incapable de se libérer de la pensée irrationnelle inconsciente à laquelle le sujet naturel est soumis. Il optera pour l'une des trois seules voies pathologiques inconscientes possibles : le rejet permanent de la « responsabilité générique » dans la commission de la « faute générique » (l'utilisation exclusive sur ses semblables du mécanisme conditionnel générique) ; l'acceptation permanente de la « responsabilité générique » (l'utilisation exclusive sur lui-même du mécanisme conditionnel générique); et donc aussi la voie d'une possible ambivalence[51].

(qui en rejette la responsabilité générique), comme étant des êtres qui, lorsqu'ils subissent ou infligent la sanction, comblent leurs déficits affectifs inconscients ; ce qui, enfin débarrassé de la « culpabilité générique », leur permettra d'atteindre un état émotionnel satisfaisant (propice à de possibles relations sexuelles).

[51] *Sigmund Freud, IX. O.C. puf, Remarques sur un cas de névrose de contrainte (un toc), p. 206*

« Une séparation des deux opposées survenue très précocement dans les années préhistoriques de l'enfance, avec refoulement de l'un des éléments, habituellement la haine, paraît être la condition de cette déconcertante constellation de la vie amoureuse ».
« Pour cette constellation, Bleuler a crée plus tard le terme approprié, d'ambivalence. »

Ibid., p. 189

« Les doutes concernant la mémoire du père et les réserves portant sur la valeur de la bien aimée s'étaient accrus; dans un tel état d'esprit, il se laissa aller à outrager l'un et l'autre, ce dont ensuite, il se punit. »

Les différents types de réflexion conditionnelle pathogène [52]

[52] Pierre Janet, Les névroses (1909), op. cit., p. 280. 281

« Les accidents névropathiques, les accidents hystériques en particulier ne sont pas du tout, comme on le croit naïvement, livrés au hasard des idées, des inspirations du sujet ou des bavardages de son médecin. Ils ont, comme le pensait Charcot, un déterminisme très rigoureux, ils sont soumis aux mêmes conditions dans tous les temps et dans tous les pays; ils sont déterminés par des lois physiologiques et psychologiques que les sujets ignorent et que nous ignorons aussi.   Nous découvrons péniblement avec beaucoup de tâtonnements et d'erreurs quelques-unes de ces lois qui s'appliquent depuis des siècles, à l'insu de tout le monde, des malades et de leurs médecins.

Enfin, je signale rapidement une dernière difficulté que l'on rencontre quand on essaye de résumer toute l'hystérie par la suggestion, c'est que tout dépend du sens que l'on donne au mot suggestion.   Si on l'entend d'une manière vague, comme le faisait d'ailleurs M. Bernheim, si on en fait un phénomène psychologique quelconque ou même un phénomène psychologique fâcheux pénétrant dans l'esprit d'une manière quelconque, on n'apprend pas grande chose en disant que l'hystérie est entièrement constituée par des phénomène de suggestion; on répète seulement que c'est une maladie mentale dans laquelle des phénomènes psychologiques quelconques jouent un rôle quelconque. Se décide-t-on à donner au suggestion une signification précise, admet-on que chez certains malades les idées ne se comportent pas comme chez tout le monde, qu'elles agissent d'une manière spéciale sur l'esprit et sur l'organisme. C'est alors cette action spéciale qui est le point essentiel, c'est elle qui constitue l'hystérie et vous n'avez pas le droit de faire une définition dans laquelle vous sous-entendez l'essentiel.   Commencez par définir ce que vous appelez suggestion et après, vous direz, si vous le voulez et si c'est vrai, que l'hystérie est une maladie par suggestion. Mais pour définir la suggestion, vous allez être obligés d'introduire dans votre définition certaines notions nouvelles qui sont précisément celles que je réclamais.

En un mot, ce résumé général de l'hystérie par le mot « suggestion » est plus spéciaux que scientifique. Si on cherche à serrer cette conception d'un peu près, on n'y trouve que des idées fort vagues, des accusations banales contre les malades ou les médecins, analogues aux anciennes accusations de simulation, la négation de tous les faits spontanés de l'hystérie qui sont innombrables et surtout la négation de tout déterminisme précis de ces névroses. L'introduction de la psychologie dans ce domaine n'aurait ainsi d'autre résultat que de supprimer toute la clinique et toute la science de ces maladies.»

Comme nous l'avons démontré dans « La Matrice du Capital »,
la civilisation se fonde sur une régulation énergétique arbitraire
qui produit des erreurs dérivées à l'origine d'une éducation
« morale » générant trois types de réflexions pathogènes, parce
que inculquées depuis la petite enfance par un conditionnement
culturel totalement erroné. La première, que nous avons déjà
évoquée, est: « *l'impunité cautionne la transgression* ». Celles
qui nous intéressent à ce stade relèvent de la même expérience
culturelle que la précédente, et, le cas échéant – parce que
totalement irréalisables –, vont enfermer le sujet naturel dans
une contrainte pathologique en évolution permanente. Je les
nomme les réflexions simultanées et culturellement
conditionnées : à « *l'identification du responsable de la
commission de la faute générique (inexistante)* », et à « *la
recherche d'un moyen réel pour empêcher une récidive
générique (impossible)* » (simultanées à la réflexion
monologique donc inconscientes)[53]. Elles seront initiées chaque

---

*« Au lieu de généraliser à tort et à travers le phénomène de la suggestion
sans le comprendre, constatons-le quand il existe et voyons de quoi il dépend.
Il y a là, comme on l'a vu, un développement excessif des éléments contenus
dans une idée, et ce développement semble se faire sans effort volontaire de la
part du sujet, sans qu'il y ajoute, comme nous serions obligés de le faire
nous-mêmes, tout l'effort de la personnalité. Comment cela est-il possible? Il
me semble malheureusement qu'on n'a guère dépassé l'ancienne explication
que je proposais en 1889. »*

[53] *Pierre Janet, Les névroses (1909), op. cit., p. 19*

*« Quand les idées fixes deviennent ainsi incomplètes, il se produit souvent un
phénomène remarquable, difficile à expliquer au point de vue clinique. Les
idées ne remplissent pas l'esprit tout entier comme dans les cas précédents,
d'autre pensées étrangères à l'idée fixe peuvent se développer chez le sujet en
même temps ou en apparence **simultanément** et le sujet quoique en proie à
son idée fixe peut continuer à parler d'autre chose. Mais ce qu'il y a de
remarquable, c'est que ce sujet qui s'exprime ainsi semble ignorer le délire
qui se développe au dedans de lui-même ou n'en connaître que quelques
fragments. Non seulement il semble oublier son idée fixe après son
développement mais il semble l'ignorer pendant le développement même. »*

fois que la réflexion associative inconsciente détectera « une information obstacle exogène » identifiée ou non (s'opposant directement au sujet naturel en menaçant son intégrité physique ou indirectement en menaçant l' intégrité morale du sujet culturel), qui initiera le déficit affectif ou le déséquilibre homéostatique insatisfaisant indispensable au questionnement « moral » du sujet culturel (résultat de l'incapacité d'associer deux représentations culturelles et abstraites d' un sujet naturel, la satisfaisante mémorisée avec l'insatisfaisante nouvellement perçue). Les réflexions conditionnelles pathogènes, qui provoquent la permanence du déficit affectif, constituent le moteur du trouble pathologique du comportement ou l'inconscient dynamique dont parle Sigmund Freud[54].

Condition de la permanence du déficit affectif à l'origine du trouble pathologique du comportement

Le déficit affectif devient pathologique par sa permanence, c'est-à-dire lorsque le motif initial ou l'information «obstacle exogène » – l'évènement extérieur occasionnel – est remplacé par l' « obstacle endogène » permanent : ou lorsque la réflexion conditionnelle pathogène prend le contrôle de la réflexion monologique, et convainc à tort le sujet culturel qu'il est l'unique « responsable générique » du dommage qu'il subit, justifiant une souffrance qui le maintiendra dans l'obligation

---

[54] *Sigmund Freud, O.C. XVI, puf, p. 260*

« N'oublions pas qu'au sens descriptif, il y a deux sortes d'inconscient, mais au sens dynamique seulement une. »

inconsciente d'éviter de commettre à nouveau une « faute générique » qu'il va matérialiser à son insu par le souvenir d'une « faute » personnelle[55].

Le déficit affectif permanent se matérialise par une insatisfaction permanente (résultat d'un déséquilibre homéostatique des taux de cortisol, d'adrénaline,...) provoquée par l'impossibilité d'associer, du fait de leurs qualités opposées, deux informations abstraites ayant le même objet, en l'occurrence les deux représentations abstraites, affectives et culturelles du sujet naturel. Cette représentation culturelle initialement mémorisée avec une qualité satisfaisante et inconsciemment associée au maintien de l'équilibre physiologique du sujet naturel (possédant à la base un équilibre énergétique), ne peut plus s'associer à la perception de cette même représentation nouvellement modifiée par l'obstacle

---

[55] *Sigmund Freud, O.C. IX, op. cit., p. 161*

« Tandis qu'un deuil normal atteint son décours entre 1 et 2 ans, un deuil pathologique comme le sien est illimité dans la durée. »

Pierre Janet, La médecine psychologique (1923), op. cit., p. 89

« Ces singulières représentations de l'action ont un rapport étroit avec les manies de perfectionnement, de recommencement si fréquentes chez les névropathes. S'ils ne sont pas amenés à supprimer complètement l'action, comme dans la forme précédente, du moins sont-ils conduits à faire des efforts pour transformer cette action, la rendre moins laide et plus morale : c'est là une des origines les plus importantes des manies de scrupule. Dans les cas extrêmes l'effort pour transformer l'action répugnante détermine une tendance à s'en écarter et une impulsion au moins apparente vers l'acte opposé. Des malades font de vains efforts pour arriver à une conduite pudique qui les satisfasse sentant en elles-mêmes des impulsions épouvantables vers les pires obscénités. On se souvient du vieux mystique Bunyan qui, au moment de faire ses prières, était forcé de tenir sa mâchoire à deux mains, pour que la bouche ne s'ouvrît pas et ne hurlât pas des blasphèmes. »

endogène qui maintenant produit une insatisfaction permanente et par conséquent un déséquilibre homéostatique permanent.

Fin d'une illusion : le « refoulement » philosophique ou psychanalytique

Entre l'avènement de « l'obstacle exogène » et son remplacement par « l'obstacle endogène » (déterminant la permanence du mal-être et l'apparition des symptômes), il doit obligatoirement s'écouler un certain délai, attendu qu'une névrose ne peut apparaître que si le déséquilibre homéostatique occasionnel devient permanent. [56] Ceci explique pourquoi, étant

---

[56] *Sigmund Freud, O.C. XII, « Contribution au mouvement psychanalytique », op. cit., p. 257.258*

« Concernant la doctrine du refoulement je fus assurément indépendant, je ne connais aucune influence qui m'aurait mené dans ces parages, et pendant longtemps je tins d'ailleurs cette idée pour originale, jusqu'à ce que O.Rank m'ait montré dans "Le monde comme volonté et représentation" de Schopenhauer le passage dans lequel le philosophe s'efforce de trouver une explication à la folie. »

Pierre Janet, La médecine psychologique (1923), op. cit., p. 26. 27

« A cette époque, un médecin étranger, M. le Dr S. Freud (de Vienne), vint à la Salpêtrière et s'intéressa à ces études ; il constata la réalité des faits et publia de nouvelles observations du même genre. Dans ces publications il modifia d'abord les termes dont je me servais, il appela psycho-analyse ce que j'avais appelé analyse psychologique, il nomma complexus ce que j'avais nommé système psychologique pour désigner cet ensemble de faits de conscience et de mouvements, soit des membres, soit des viscères, qui reste associé pour constituer le souvenir traumatique, il considéra comme un refoulement ce que je rapportais à un rétrécissement de la conscience, il baptisa du nom de catharsis ce que je désignais comme une dissociation psychologique ou comme une désinfection morale. Mais surtout il transforma

une observation clinique et un procédé thérapeutique à indications précises et limitées en un énorme système de philosophie médicale. »

« Quoi qu'il en soit, cette interprétation sexuelle des troubles nerveux devient le fondement de toute la pathologie : les diverses névroses et même les maladies mentales, comme la démence précoce, ont toutes une origine sexuelle, elles prennent des formes différentes suivant la nature du processus sexuel dans la première enfance. Cette conception s'étend bientôt démesurément: tous les faits de la psychologie normale doivent s'expliquer de la même manière, car toute la psychologie repose sur une conception agrandie de l'instinct sexuel. Cette même interprétation doit s'appliquer au diagnostic judiciaire, à la psychologie religieuse, à la littérature, à la pédagogie, à l'esthétique, etc. La psycho-analyse devient, comme le disaient MM. Régis et Hesnard, « un vaste système d'explication de la plupart des formes de l'activité psychique humaine par l'analyse des tendances affectives considérées pour la plupart comme dérivées de l'instinct sexuel. [56] »

« Cette doctrine étrange, paradoxale, mais qui n'est pas sans grandeur, a été édifiée peu à peu par le professeur S. Freud dans une série d'ouvrages publiés depuis 1,893 ; mais surtout elle a été développée de toutes manières par de très nombreux élèves parmi lesquels je citerai Ricklin, Ferencsi, Adler, Gross, Jones, Rank, Stekel, Bleuler, Jung, Maeder qui ont fondé de nombreuses revues de psycho-analyse. Sans doute tous ces disciples n'adoptent pas absolument les idées du maître et déjà plusieurs directions différentes préparent des schismes inévitables. Mais néanmoins la psycho-analyse s'est répandue non seulement en Autriche, mais aussi en Suisse, en Angleterre et dans les États-Unis d'Amérique. Elle détermine aujourd'hui un grand mouvement psychologique et médical tout à fait analogue à celui qui a envahi tous les pays à l'époque de l'apogée de l'hypnotisme.

Il est intéressant de remarquer qu'il s'agit encore d'une méthode psychothérapique dont les racines plongent dans le magnétisme animal français. La psycho-analyse est aujourd'hui la dernière incarnation de ces pratiques à la fois magiques et psychologiques qui caractérisaient le magnétisme : elle en conserve les caractères, l'imagination et l'absence de critique, l'ambition envahissante, l'allure épidémique, la lutte contre la science officielle. Il est probable qu'elle connaîtra aussi les appréciations injustes et le déclin ; mais comme le magnétisme et l'hypnotisme, elle aura joué un grand rôle et donné une impulsion utile aux études psychologiques. »

Sigmund Freud, O.C. X. « De la psychanalyse », puf, p. 17

« Le grand observateur (Charcot) dont je devins l'élève en 1885-1886, n'était pas lui-même enclin à des conceptions psychologiques; c'est son élève P. Janet qui, le premier, tenta de pénétrer plus profondément dans les processus

apparu bien avant l'avènement de la névrose, « l'obstacle exogène » – qui fut à l'origine du déclanchement de la réflexion conditionnelle et donc du symptôme produit par « l'obstacle endogène » – semble « refoulé » par un sujet qui ne peut pas l'identifier[57].

---

psychiques particuliers de l'hystérie, et nous suivîmes son exemple en mettant le clivage animique et la dissociation de la personnalité au centre de notre conception. »

Sigmund Freud, O.C. XII. op. cit., p. 276

« À Paris même semble encore régner la conviction que Janet exprima si éloquemment au Congrès de Londres de 1913, et selon laquelle tout ce que la psychanalyse a de bon répète, à quelques modifications près, les vues janetiennes, tout le surplus étant mauvais. Au même Congrès, Janet dut supporter une série de remontrances venant de E. Jones, qui put lui objecter sa faible connaissance du sujet. Nous ne pouvons toutefois oublier ses mérites en matière de psychologie des névroses, même si nous repoussons ses prétentions. »

[57] *Pierre Janet, Les névroses (1909), op. cit., p. 200*

« Mais, quelle que soit la cause originelle, il est important de remarquer que l'attaque survient bien rarement immédiatement après l'émotion. Presque toujours le sujet semble supporter le choc d'une manière assez normale; il reste calme, trop calme même, pendant un certain temps, quelques heures, ou plus souvent quelques jours, et ce n'est qu'après ce laps de temps que l'attaque proprement dite apparaît à une époque où précisément on n'attendant plus de manifestations émotionnelles. Cette période intercalaire entre le choc et l'attaque était bien connue par Charcot qui l'appelait la période de rumination. Cette période d'incubation nous paraît également très intéressante; elle nous montre que le trouble moral, l'état névropathique proprement dit ne se limite pas au moment même des agitations de l'attaque, il commence bien avant. Il ne commence pas avec les préludes de l'attaque qu'on a appelés les auras, il faut le faire remonter plus loin. Presque toujours, surtout chez les sujets qui n'ont pas encore eu d'attaques ou qui en ont rarement, la transformation commence des heures et des jours avant l'accident visible. Pour moi, la période de rumination de Charcot est déjà un état hystérique qui constitue une partie de l'attaque elle-même. Il n'est pas facile d'expliquer ici les métamorphoses mentales qui caractérisent cette période préparatoire. Remarquons seulement qu'elle est remplie par des symptômes que nous connaissons déjà. Ce sont diverses défaillances ou insuffisances de la plupart des fonctions, des troubles de la perception sous

En effet, – ce qui constitue le facteur principal de l'aliénation de la pensée consciente – la réflexion conditionnelle va interférer et tromper le sujet naturel dans son analyse consciente, en remplaçant « l'obstacle exogène » effectif (ayant initié le déficit affectif) par un « obstacle endogène » justifié par la « faute culturelle générique » inconsciente; et donc, placer le sujet culturel dans l'obligation inconsciente et permanente d'adopter un comportement conscient pathologique, dont le but ignoré ou incompris est d'éviter la récidive d'une « faute » effective passée matérialisant « une faute générique » qu'il n'a jamais commise (comme nous le verrons dans le dernier chapitre, avec la résolution théorique de cas cliniques). Le sujet connaît l'information « obstacle exogène », mais il ne l'a pas identifiée parce qu'il n'est pas conscient du fait qu'elle a été remplacée, à son insu, par la réflexion conditionnelle pathogène ou « l'obstacle endogène» ; opposant le sujet naturel qui recherche une satisfaction naturelle permanente, au sujet culturel qui désire l'impossible: éviter de commettre une « faute générique », en s'imposant le bien conforme au conditionnement « moral affectif » ; avec pour seule issue d' augmenter sans cesse le degré de souffrance d'un mal-être permanent.[58]

---

forme d'inattention et d'anesthésie, des troubles de la mémoire qui constituent diverses formes d'amnésie, et surtout des troubles de l'action, des incapacités de se décider et de véritables paralysies systématiques portant sur divers actes. La conscience du sujet semble perdre de tous côtés le contrôle sur diverses fonctions, mais elle subsiste encore d'une manière apparemment normale, et beaucoup de personnes ne se rendent pas compte du trouble grave qui se prépare. »

[58] *Ibid., p. 240*

« Quand ces symptômes ont duré en s'aggravant, la moindre occasion, un effort pour faire un acte quelconque, un effort d'attention, ou une petite émotion vont déterminer le début d'autres phénomènes : la malade, très agitée et angoissée, va avoir une crise de rumination mentale et s'interroger indéfiniment sur la naissance de son enfant : « La petite tache qu'il porte au derrière est-elle la preuve qu'il soit de son mari? Peut-on concevoir des enfants sans avoir eu d'amant? etc. »   Ou bien, si la malade veut se

Ce processus psychique pathologique unique et propre au déficit affectif permanent, qui est à l'origine de tous les troubles névrotiques du comportement, est ce que, à mon sens, Sigmund Freud nomma sans le comprendre « le refoulement »[59].

---

débarrasser de ces questions obsédantes, elle va avoir de l'agitation motrice et entrer dans de véritables crises d'excitation. »

[59] *Sigmund Freud, IX. O.C. op. cit., p. 200*

« Dans ce trouble le refoulement ne se produit pas par amnésie mais par rupture des corrélations causales à la suite d'un retrait d'affect. Une certaine force d'avertissement - que j'ai comparée ailleurs à une perception endopsychique (psychopathologie de la vie quotidienne) - semble alors subsister dans ces relations refoulées, de sorte qu'elles sont introduites, par la voie de la projection, dans le monde extérieur et y portent témoignage de ce qui dans le psychique n'a pas eu lieu . »

Ibid., p. 169

« 1. il faut donc concéder qu'il y a, pour la névrose de contrainte, deux manières de savoir et de connaître, et on a le droit d'affirmer à la fois que le malade de contrainte « connaît » ses traumas et qu'il « ne les connaît » pas. C'est qu'il les connaît dans la mesure où il ne les a pas oubliés et qu'il ne les connaît pas puisqu'il ne reconnaît pas leur significativité. »

Pierre Janet, Les névroses (1909), op. cit., p. 253

*« Ceux qui ont insisté sur ce phénomène se sont peut-être trompés, c'est une vérification à faire ; mais ils ont cru constater autre chose. Ils ont cru voir que dans certains cas l'idée se développait en actes et en perceptions sans la collaboration de la volonté et de la personnalité du sujet. Celui-ci ne semblait ajouter à l'idée aucune force venant de sa propre collaboration; il semblait ne pas se rendre compte du développement de cette idée au-dedans de lui-même; quelquefois il semblait n'en avoir guère conscience pendant qu'elle s'exécutait. **Dans d'autres cas il n'en gardait aucun souvenir après son exécution**; s'il prenait conscience du développement de ces idées, il ne le comprenait pas, il ne croyait pas l'avoir déterminé, bien souvent au contraire il luttait contre lui et il était impuissant à l'arrêter. **En un mot, dans ce qu'on appelle suggestion, l'idée se développe complètement jusqu'à se transformer en acte, en perception et en sentiment mais elle semble se***

70

Nous allons revenir sur l'exemple évoqué précédemment pour illustrer concrètement le mécanisme conditionnel par lequel la réflexion consciente est déterminée – par *« une réflexion conditionnée visant l'identification du responsable de la commission de la faute générique (inexistante) »* – à trouver, par association, un double observable, c'est-à-dire le souvenir d' une « faute » effective matérialisant la « faute générique » inconsciente et dynamique ; identifiant le coupable responsable du préjudice dans le but de l'empêcher de commettre à nouveau la « faute générique ». Finalement la souffrance effective justifiera la « culpabilité générique », conformément au conditionnement culturel inconscient[60].

---

développer par elle-même, isolément, sans participation ni de la volonté, ni de la conscience personnelle du sujet. »

[60] *Ibid., p. 255.267.278*

« D'un grand nombre de remarques de ce genre découle une opinion que j'ai soutenue depuis longtemps : la suggestion, si on prend ce mot dans son sens précis, est un phénomène psychologique relativement rare, il se présente accidentellement dans différentes circonstances chez les individus considérés comme normaux, mais il ne devient régulier et constant que dans une névrose spéciale et la suggestivité constitue un stigmate important de l'hystérie. »

« En résumé, ce premier grand symptôme de l'hystérie pourrait se caractériser ainsi : c'est une idée, un système d'images et de mouvement, qui échappe au contrôle et même à la connaissance de l'ensemble des autres systèmes constituant la personnalité. D'un côté, il y a développement exagéré, régulièrement déterminé, de cette idée émancipée; de l'autre, il y a lacune, amnésie ou inconscience particulière, dans la conscience personnelle. »

« Je crois, pour ma part, après avoir analysé minutieusement la pensée d'un millier de ces malades que les hystériques ont très rarement la notion précise de leur accident et surtout qu'elles l'ont très rarement avant l'accident lui-même. Je suis convaincu que le plus souvent l'accident se développe à la suite d'un trouble émotionnel, suivant des lois qui lui sont propres et que le sujet ignore complètement. On peut le démontrer de bien des manières : comme l'avait déjà observé Lasègue, beaucoup de symptômes hystériques se

Journal Le Soir.

Sabine restera séquestrée par Dutroux du 28 mai au 15 août 1996 : 81 jours. Dès le 8 juin, jour où Dutroux l'enferme dans la cache de sa cave, la petite tiendra, à l'insu de son ravisseur, un journal bouleversant, annoté de mots, lettres et sigles tels que « parti » (les jours où elle ne le voyait pas), « R » (revenu,), « + » (quand Dutroux « l'embêtait ») ou une étoile (quand il l'embêtait en faisant très mal).

Dutroux a su conditionner Sabine au point de la convaincre rapidement que ses parents refusaient de payer la rançon et qu'en conséquence, un mystérieux chef était décidé à la tuer.

---

développent chez les malades à l'insu du malade et à l'insu de leur médecin. »

Pierre Janet, *La médecine psychologique* (1923), op. cit., p. 104

«Le malade est un individu fatigué, épuisé, qui a le besoin le plus urgent de se reposer et d'économiser ses forces ; mais il ne sait pas se reposer et il se laisse entraîner à faire continuellement ce qui l'épuise le plus. Ses idées obsédantes qui sont « comme des vrilles dans la tête », ses répétitions, les pactes qu'il s'impose, ses doutes, ses interrogations, ses efforts désespérés autant qu'inutiles entretiennent et augmentent sans cesse son épuisement. »

Ibid., p. 122

« Lorsqu'on a commis une faute ou une sottise, disait excellemment A. Forel, on doit se hâter 1° de réparer tout ce qui peut l'être, 2° de prendre des mesures préventives pour éviter sa répétition dans l'avenir et 3° de mettre le tout au panier. Nous devrions faire de même en ce qui concerne les fautes des autres. » Les expressions bien connues que l'on répète sans cesse, « s'y faire, oublier, pardonner, renoncer, prendre son parti, se résigner », semblent toujours désigner de simples phénomènes de conscience, il n'y a rien dans la conscience en dehors de l'action et des extraits de l'action. En réalité ces expressions désignent un ensemble compliqué d'actions réelles, d'actes qu'il faut faire, d'autres actions qu'il faut supprimer, des attitudes nouvelles à adopter et ce sont toutes ces actions qui liquident la situation et qui font que l'on s'y résigne. »

Un conditionnement qui, dit le juge, a généré chez elle un sentiment d'abandon, de culpabilité et d'obsession de la mort. Il cite, à l'appui, des extraits de lettres de Sabine à sa maman que Dutroux promettait à Sabine de poster : Il m'a dit que tu lui as dit que vous vous étiez fait une raison, écrivait-elle.
Pardonnez-moi pour tout le mal que je vous ai fait Si je reviens, ce serait pour que nous nous fassions tous tuer, et ça, je ne le veux pas Savez-vous me dire pourquoi je suis ici ?
Je n'ai rien fait à ce chef. Ce que j'espère, c'est que vous allez tous bien, que vous passez de bonnes vacances.
Le juge Langlois livre avec pudeur ces indices qui permettent de comprendre le calvaire que Sabine évoque encore dans une lettre qu'elle croit envoyée aux siens : Mon cœur cassé se reformera vite avec votre amour ; »

• L'évènement « obstacle exogène » : l'enlèvement suivit de la séquestration avec abus sexuels et manipulation mentale.

• Le déficit affectif : « *Il m'a dit que tu lui as dit que vous vous étiez fait une raison, écrivait-elle* » ; « *Mon cœur cassé se reformera vite avec votre amour.*»

• L'identification du responsable de la commission de la « faute générique » (inexistante): « *Je n'ai rien fait à ce chef.* »

• L'identification d'une « faute » personnelle conforme au conditionnement « moral » et matérialisant la « faute générique » inconsciente, justifiant la « culpabilité générique » et la « sanction générique » par une réelle souffrance permanente : « *Pardonnez-moi pour tout le mal que je vous ai fait.* »

• La recherche d'un moyen réel pour empêcher une « récidive générique » (impossible) : « *Savez-vous me dire pourquoi je suis ici ?* »

Comme nous venons de le constater avec ce premier exemple, le conditionnement culturel pathogène auquel l'homme civilisé est soumis depuis sa plus tendre enfance génère une réflexion inconsciente et pathogène qui peut être activée à l'insu de la conscience ; et donc se faire sentir ou être visible uniquement par ses effets, ou symptômes, comme dans l' exemple particulier de ce cas que les psychanalystes nomment la paraplégie hystérique (sans lésion de la moelle épinière), dont nous pouvons voir un cas clinique dans le documentaire sur la névrose de guerre de John Huston « Let there be light » 1946)[61].

La réflexion culturelle conditionnelle et inconsciente peut finir par convaincre la réflexion consciente d'un sujet naturel, que son double culturel est totalement « immoral ». En effet, la responsabilité personnelle est justifiée parce que, étant dans l'incapacité de renoncer au sujet culturel conditionné (en réalité le sujet lui-même ou deux représentations culturelles associables), la réflexion conditionnelle nécessite l'association d'une « faute » (qu'elle soit effective ou non), afin de justifier la souffrance du sujet naturel. C'est une question de logique, deux représentations abstraites ne peuvent plus s'associer que lorsque l'une des deux est modifiée et possède une qualité opposée. Et comme nous le savons, la représentation culturelle conditionnée et abstraite de soi, ne peut être endommagée que par la transgression de sa propre « morale », par celle qui servit

---

[61] *Pierre Janet, La médecine psychologique (1923), op. cit., p. 77*

« J'ai rapporté il y a trente ans dans mon livre sur l'automatisme l'observation curieuse de Vg. : cette femme de 30 ans, après un séjour prolongé au lit présentait une paraplégie complète. Pendant qu'elle causait avec M. Piazecki qui me la présentait, je réussis à lui faire diverses suggestions par distraction, je parvins à la faire lever et marcher. Après un moment elle s'aperçut elle-même de son action et poussa un cri de joie en se voyant debout et marchant : « Je suis guérie ». La confiance étant revenue elle se mit à marcher volontairement. Y a-t-il une démonstration rationnelle qui puisse avoir une telle puissance ? »

à l'éducation culturelle du sujet naturel[62]. Ce mécanisme pathogène et totalement inconscient explique l'affligeant sentiment de culpabilité dont souffrent les victimes d'un viol. Comme nous pourrons encore le constater dans le dernier chapitre, le conditionnement culturel, et pour cause, ne nécessite aucune faute effective pour condamner un innocent, il lui suffit d'un déséquilibre homéostatique induit par un déficit affectif, et d'une mémoire possédant, depuis la petite enfance, des milliers de « fautes » sanctionnées qui inconsciemment vont consolider l' « obstacle endogène » qui remplacera « l'obstacle exogène », justifiant la permanence de la souffrance. Les lois morales personnelles ne peuvent être « *les plus propres* » que si la réflexion conditionnelle considère que leur violation entraîne l'impossibilité d'associer deux représentations culturelles personnelles[63]. Objectivement il n'y a aucune raison de se sentir coupable d'avoir commis une « faute » qui n'a pas porté et ne portera jamais aucun préjudice à autrui, et la plupart du temps personne ne s'en sent coupable, même si parfois elle fut dommageable pour autrui ; mais la réflexion conditionnelle pathogène, simultanée et inconsciente n'est pas objective mais culturellement conditionnée ; si bien que le cas inexistant d'un

---

[62] *Sigmund Freud, O.C. XII. op. cit., p. 190*

« *L'analysé ne raconte pas qu'il se souvient d'avoir été frondeur et incrédule envers l'autorité de ses parents, mais il se comporte de cette même façon avec le médecin. Il ne se remémore pas le fait d'être resté arrêté, désemparé et en désaide, dans sa recherche sexuelle infantile, mais il apporte tout un tas de rêves et idées incidentes confuses, se lamente de ne réussir en rien et soutient que c'est son destin de ne jamais mener une entreprise à son terme. Il ne se remémore pas le fait d'avoir eu intensément honte de certaines activités sexuelles et d'avoir redouté qu'elles soient découvertes, mais il fait voir qu'il a honte du traitement auquel il s'est à présent soumis et cherche à le tenir secret à l'égard de tous, etc.* »

[63] *Sigmund Freud, O.C. IX. op. cit., p. 154*

« *Il s'est dit, continue-t-il, qu'un reproche ne peut vraiment apparaître que par une violation des lois morales personnelles les plus propres, et non par une violation des lois extérieures. Je confirme en disant que celui qui viole simplement ces dernières se sent bien souvent un héros.* »

être civilisé vierge de toute « faute morale », mais ayant une très haute conception des « valeurs morales » et souffrant d'un déficit affectif, pourrait finir par se sentir coupable[64].

Exemple de réflexion conditionnelle et simultanée à la réflexion consciente.

Au bureau il m'arrive parfois de me retrouver dans les toilettes avec l'intention de rincer ma tasse de café ; je ne m'aperçois de l'incongruité de la situation que lorsque je remarque la cuvette des WC. Or, nous possédons après les toilettes un petit espace cuisine faisant partie d'un même ensemble clos. Ce nouveau bureau est relativement récent +/- 3ans. Auparavant et cela durant plus de 15 années, j'étais obligé, vu l'absence de cuisine dans l'ancien bureau, d'utiliser le lavabo des toilettes comme

---

[64] *https://www.ub.uni-freiburg.de/fileadmin/ub/referate/04/pascal/pensees.pdf*

Pascal Blaise.100 Amour-propre

« La nature de l'amour-propre et de ce moi humain est de n'aimer que soi et de ne considérer que soi.
Mais que fera-t-il ? Il ne saurait empêcher que cet objet qu'il aime ne soit plein de défauts et de misères : il veut être grand, et il se voit petit; il veut être heureux, et il se voit misérable; il veut être parfait, et il se voit plein d'imperfections; il veut être l'objet de l'amour et de l'estime des hommes, et il voit que ses défauts ne méritent que leur aversion et leur mépris.
Cet embarras où il se trouve produit en lui la plus injuste et la plus criminelle passion qu'il soit possible de s'imaginer; car il conçoit une haine mortelle contre cette vérité qui le reprend, et qui le convainc de ses défauts. Il désirerait l'anéantir, et, ne pouvant la détruire en elle-même, il la détruit, autant qu'il peut, dans sa connaissance et dans celle des autres; c'est à dire qu'il met tout son soin à couvrir ses défauts et aux autres et à soi-même, et qu'il ne peut souffrir qu'on les lui fasse voir, ni qu'on les voie.
C'est sans doute un mal que d'être plein de défauts mais c'est encore un plus grand mal que d'en être plein et de ne les vouloir pas reconnaître, puisque c'est ajouter encore celui d'une illusion volontaire. »

évier de cuisine. Si la vision de la cuvette (ou toute autre perception sensorielle non associable) ne venait pas initier une réflexion attentive consciente, l'action motrice initiée par réflexion conditionnelle inconsciente aurait été jusqu'à son terme, sans aucune possibilité de correction par la réflexion attentive consciente, qui à cet instant s'occupe d'autres réflexions abstraites conscientes[65].

La réflexion conditionnelle est inconsciente parce qu'elle a été mémorisée par répétition, comme le réflexe instinctif. Notre conscience n'intervient pas dans le déclenchement d'un réflexe. Ces deux types d'information ont été mémorisés sans double

---

[65] *Simone Weil (1909-1943), op. cit., p. 65*

« Il va de soi que ceux qui reproduisent indéfiniment l'application de telle ou telle méthode de travail ne se sont souvent jamais donné la peine de la comprendre ; il arrive au reste fréquemment que chacun d'eux ne soit chargé que d'une partie de l'exécution, toujours la même, cependant que ses compagnons font le reste. Dès lors on se trouve en présence d'une situation paradoxale ; à savoir qu'il y a de la méthode dans les mouvements du travail, mais non pas dans la pensée du travailleur. On dirait que la méthode a transféré son siège de l'esprit dans la matière. C'est ce dont les machines automatiques offrent la plus frappante image. Du moment que la pensée qui a élaboré une méthode d'action n'a pas besoin d'intervenir dans l'exécution, on peut confier, cette exécution à des morceaux de métal aussi bien et mieux qu'à des membres vivants ; et on se trouve ainsi devant le spectacle étrange de machines où la méthode s'est si parfaitement cristallisée en métal qu'il semble que ce soit elles qui pensent, et les hommes attachés à leur service qui soient réduits à l'état d'automates. Au reste cette opposition entre l'application et l'intelligence de la méthode se retrouve, absolument identique, dans le cadre même de la pure théorie. Pour prendre un exemple simple, il est tout à fait impossible, au moment où l'on fait une division difficile, d'avoir la théorie de la division présente à l'esprit ; et cela non seulement parce que cette théorie, qui repose sur le rapport de la division à la multiplication, est d'une certaine complexité, mais surtout parce qu'en exécutant chacune des opérations partielles au bout desquelles la division est accomplie, on oublie que les chiffres représentent tantôt des unités, tantôt des dizaines, tantôt des centaines. Les signes se combinent selon les lois des choses qu'ils signifient ; mais, faute de pouvoir conserver le rapport de signe à signifié perpétuellement présent à l'esprit, on les manie comme s'ils se combinaient d'après leurs propres lois ; et de ce fait les combinaisons deviennent inintelligibles, ce qui veut dire qu'elles s'accomplissent automatiquement.»

conscient, en réalité sans visibilité pour la réflexion monologique qui seule permet la chronologie et la remémoration des souvenirs monologiques. L'interprétation sans partition par un pianiste de l'œuvre complète de Frédéric Chopin constitue l'effet visible d'une connaissance complexe acquise par l'étude et un conditionnement invisible pour la conscience.

La souffrance produite par le déficit affectif permanent constituera en finalité la « sanction culturelle » et inconsciente de la « faute générique », mais aussi la cause de l'évitement permanent et inconscient de la « récidive générique ». La réflexion consciente a peu de chance de se sortir d'un tel piège, tout est, par conditionnement culturel, inconsciemment justifié. Nous pouvons imaginer l'inertie inconsciente à laquelle est soumise la pensée d'un être souffrant d'un déficit affectif permanent.

Remarque

Longtemps le spectacle commun d'une foule se pressant pour acclamer une personnalité publique qui ressent le besoin d'être exposée, fut pour moi un phénomène totalement incompréhensible.

Le rapport affectif pathologique à soi-même et donc à autrui, ne peut se produire que parce que des individus naturels sont, dès la petite enfance, contraints par un pouvoir culturel arbitraire d'outrepasser leurs fonctions naturelles, entraînant la nécessité de satisfaire de nouveaux besoins, dont la contrepartie est une subordination aveugle qui réduit des êtres semblables à la seule condition de moyen. Seule une organisation pyramidale arbitraire d'asservissement mutuel peut légalement déposséder des êtres naturels et semblables de leur émancipation naturelle pour les faire évoluer vers des degrés d'avilissements sans aucune limite.

AFP

«"Dutroux est un homme qui pense à tout. " Jean-Marc Connerotte a résumé en quelques mots, jeudi, les redoutables talents du pédophile. *"Manifestement, les caches étaient construites de manière à ne pas pouvoir être décelées. C'était d'un professionnalisme effrayant. "* Il a raconté la réaction de Sabine et Laetitia à l'ouverture de la geôle de Marcinelle. D'abord apeurées d'être livrées à la *"bande"* dont Dutroux leur a affirmé vouloir les protéger, *"elles ne veulent pas sortir"*. *"Ensuite, elles remercient Dutroux. C'est absolument épouvantable : elles l'embrassent."* Un *"conditionnement"* qui rappelle à M. Connerotte le *"mode opératoire des proxénètes pour asservir les prostituées".»*

La lumière de la science éclaire ce que l'on nomme, sans le comprendre, « Le syndrome de Stockholm ».

Le mot « syndrome » est le terme générique utilisé pour nommer des troubles ou des comportements dont on ignore la cause (à l'origine la trisomie 21 fut un syndrome découvert par le médecin britannique John Langdon Down).

Culpabilité générique annulée par rupture d'identification pathologique

On ne peut se sentir coupable de la perte du « lien affectif » pathologique qui nous lie à un être culturel dont on n'a plus besoin.

79

Le rapport « affectif » pathologique, résultat de la perte d'une émancipation naturelle, peut être rompu si le déficit affectif est annulé par la destruction de l'identification culturelle. C'est-à-dire par le renoncement à l'idée inconsciente d'être satisfait par le sujet culturel « aimé » mais altéré ou perdu ou que l'on risque d'altérer ou de perdre ; en finalité toujours le moi culturel « victime » et « coupable » imaginaire du conditionnement culturel. Ce renoncement entraînera de fait la destruction de toute « faute », de toute « responsabilité » et de toute « culpabilité », mais en réalité l'arrêt d'une réflexion conditionnelle « générique » permettant d'associer, étant à nouveau conformes à l'étique naturelle, les deux représentations abstraites d'un sujet naturel émancipé.

« Mais si Sabine Dardenne a vécu l'enfer entre la «chambre du calvaire», où elle subissait régulièrement des sévices sexuels, et la «cache» de la cave où elle était enfermée, elle n'avait rien de la victime passive et muette de peur. Dès les premiers moments de son enlèvement, elle tient tête à Dutroux. Elle râle, il la traite de «chiante». «Si je n'avais pas eu ce «sale caractère », j'ignore comment j'aurais survécu. Probablement très mal.

Lorsque les policiers lui apprennent qu'elle a été manipulée, elle explose. «Ah oui? Il est dans une cellule à côté ? Je veux le voir, moi ! Lui dire ce que j'en pense !»
Elle attendra huit ans, jusqu'au procès, pour enfin l'affronter. Lorsque la cour s'est déplacée à Marcinelle pour aller voir la maison de Dutroux, Sabine Dardenne a laissé filer un «Crapule !» bien senti lorsqu'il est passé près d'elle. Il ne l'a pas regardée. »[66]

---

[66] *Monde. Judith Lachapelle Le dimanche 14 novembre 2004*

Le degré de culpabilité inversement proportionnel au degré de la responsabilité divine

Bien que l'on décrive, par défaut de compréhension et facilité (associations d'idées), certains échouages de cétacés comme des suicides, le suicide est exclusivement réservé à l'être humain (puisque pour tuer un individu, il est indispensable de savoir qu'il existe) ; et bien qu'un événement concret puisse être le facteur déclencheur de la pensée menant au suicide, il ne peut être considéré comme l'élément moteur (dans le cadre exclusif d'un déficit affectif permanent). L'auto agression abstraite permanente et inconsciente de la représentation culturelle et satisfaisante du sujet naturel par l' « obstacle endogène » ou la réflexion conditionnelle (puisqu'il s'agit d'un sujet culturel conditionné qui inconsciemment se dévalue), est le moteur de toute souffrance permanente déclenchée par un « obstacle exogène » générant d'abord un déficit affectif occasionnel[67]. Comme le démontre le taux de suicide au sein

---

[67] L'attention est originellement liée à la réflexion sensorielle ; c'est pourquoi un danger physique permanent inhibe la réflexion abstraite inconsciente, qui seule peut générer l'agression abstraite irrationnelle inconsciente (produite par la réflexion culturellement conditionnée).

Primo Levi, Si c'est un homme, Pavillon, Robert Lafont. p 19. 160. 168. 177

« Ce sont justement les privations, les coups, le froid, la soif qui nous ont empêchés de sombrer dans un désespoir sans fond. »

« Mais, pour la plupart, nous supportâmes ce nouveau danger et ces nouvelles embûches avec la même indifférence, qui n'était pas de la résignation mais plutôt l'inertie obtuse des bêtes battues qui ne réagissent plus aux coups. »

des communautés religieuses, la foi en Dieu peut protéger le religieux de la « culpabilité générique », pour autant que Dieu soit chargé de la plus importante part de responsabilité culturelle[68]. En effet, nous savons que le peuple d'Israël est l'élu de Dieu[69] ; dans ce cas la volonté de Dieu doit s'imposer de manière plus forte dans la religion judaïque que dans les autres religions monothéistes. Si la volonté de Dieu est plus

---

« La lutte, la faim, le froid et le travail laissent peu de place à la pensée. »

« Ou encore, c'est la pluie, le vent, la faim de tous les jours, et alors on pense que si vraiment ce n'était plus possible, si vraiment on n'avait plus rien dans le cœur que souffrance et dégoût, comme il arrive parfois dans ces moments où on croit vraiment avoir touché le fond, et bien même alors, on pense que si on veut, quand on veut, on peut toujours aller toucher la clôture électrifiée, ou se jeter sous un train en manœuvre. Et alors il ne pleuvrait plus. »

[68] *Encyclopédie Microsoft® Encarta® 2003. © 1993-2002 Microsoft Corporation. Tous droits réservés*

« Le suicide égoïste est le signe d'une intégration sociale insuffisante de l'individu. Par exemple, les protestants ont une plus forte propension au suicide que les catholiques en raison du degré élevé d'individualisme de leur religion (pratique du libre examen) et les catholiques se suicident plus que les juifs chez qui l'intégration au groupe est particulièrement forte. Ainsi, la religion protège l'individu du suicide en participant à son intégration sociale, tout comme le fait la cellule familiale : le taux de suicide est plus fort chez les hommes célibataires que chez les hommes mariés. Enfin, les suicides décroissent en temps de guerre, où le sentiment d'appartenance à la collectivité renforce le groupe. »

Il faut remarquer qu'il n'existe aucun suicide égoïste ; attendu que, comme nous l'avons démontré, l'altruisme est un concept culturel inapplicable.

[69] *Sigmund Freud, O.C. XIII. op. cit., p. 314*

« Le peuple d'Israël s'était pris pour l'enfant préféré de Dieu et quand le Père, dans sa grandeur, fit fondre malheur après malheur sur ce peuple qui était le sien, celui-ci ne fut pourtant pas désorienté dans cette relation, ni ne douta de la puissance et de la justice de Dieu, mais il engendra les prophètes qui lui reprochèrent son état de péché et créa à partir de sa conscience de culpabilité les préceptes extrêmement sévère de sa religion de prêtres. »

puissante, il y a aussi plus de responsabilité pour Dieu et donc moins de culpabilité pour le juif. Nous pouvons donc considérer que dans le malheur le juif se sent moins responsable et donc moins coupable que le catholique et encore moins que le protestant. D'autre part, il est évident que si le taux de suicide diminue en temps de guerre, c'est uniquement parce qu'un danger exogène bien réel et identifiable inhibe la réflexion conditionnelle qui seule peut générer un danger endogène inconscient et non identifiable. La personne en souffrance témoigne souvent du fait que lorsqu'elle est occupée à une activité nécessitant une attention soutenue, elle souffre moins et parfois pas du tout.

Notre culture pourrait transformer un saint en coupable, il suffirait qu'il ne se sente plus aimé de Dieu. Étant dans l'impossibilité de renoncer à être aimé de l'être dont il a besoin (puisque la réflexion est inconsciente), ici Dieu, mais en finalité le sujet culturel (par identification affective), ou de se libérer de cette « faute générique » (le Péché Universel), il ne lui restera plus comme option que la souffrance. La réflexion conditionnelle générique possède une dynamique totalement inconsciente[70]. En effet une représentation mémorisée peut parfois nous faire défaut, comme lorsque l'on ne se souvient

---

[70] *Extrait, encyclopédie Universalis.*

« Il ne suffit pas, pour faire l'expérience de la culpabilité, de se représenter un de ses propres actes comme ayant transgressé un devoir, une loi, les règles d'un art, des usages. Pour passer de la faute objective à la culpabilité subjective, il faut que celle-là soit intériorisée, selon un processus dans lequel Jean Nabert a vu « l'un des phénomènes les plus mystérieux de la vie morale » et qui est « la surprise de la conscience, après l'action, non seulement de ne plus être pour soi ce qu'elle était avant l'action, mais de ne plus pouvoir dissocier l'idée de sa propre causalité du souvenir de l'acte singulier qu'elle a accompli ». L'idée d'une telle causalité morale intéresse d'ailleurs la justice elle-même, qui, lorsqu'elle a affaire à un criminel, ne se préoccupe pas seulement de l'imputabilité matérielle de l'action, mais cherche aussi à remonter de la pénalité à la culpabilité, c'est-à-dire à savoir s'il y a eu, chez l'auteur du crime, une intention dolosive, une volonté de porter préjudice, en dehors de circonstances justificatives reconnues. »

pas du nom d'une ville alors que nous savons pertinemment que nous possédons l'information ; par contre, rien ne vient nous informer de l'existence d'une réflexion culturelle conditionnelle (l'inconscient dynamique)[71].

La réflexion associative originelle possède une dynamique inconsciente motivée par la recherche de satisfaction (ou l'évitement de l'insatisfaction). Les réflexions conscientes, associatives et culturellement conditionnées sont interactives.

Destruction accidentelle de la mémoire morale affective et du conditionnement pathogène

Bien qu'il soit possible qu'un conditionnement pathogène et insatisfaisant sur le plan affectif puisse être à l'origine d'un comportement « asocial » violent, nous verrons qu'en l'absence physique d'une mémoire « morale affective » (dans le cas des lésions préfrontales), et donc de ce que nous nommons à tort la « conscience morale », le sujet, bien qu'ayant un comportement totalement désinhibé, ne se transforme pas en psychopathe ; ce qui démontre que la mémoire « morale affective » et la réflexion « morale » sont acquises par un conditionnement culturel qui dénature un comportement social émancipé ou naturellement éthique (comme nous l'avons démontré dans « La Matrice du Capital »). Il est important de rappeler à nouveau qu'il n'existe dans le monde du vivant aucune action ou absence de réaction qui ne soit dans les faits une réaction, et ce y compris pour les sujets « asociaux »

---

[71] *Sigmund Freud, O.C. XVI. op. cit., p. 262*

« Nous reconnaissons que l'Ics ne coïncide pas avec le refoulé ; il reste exact que tout refoulé est ics, mais que tout Ics n'est pas pour autant refoulé. »

violents. De ce fait, et comme il n'existe pas de pulsion d'agression particulière et autonome, tout type d'agression pénalement répréhensive doit être considérée comme le résultat d'une pensée traitant des données culturelles irrationnelles, au service de la recherche d'un équilibre homéostatique perdu par déficit affectif pathologique ; la seule alternative étant la névrose ou l'agression inconsciente du sujet naturel par le conditionnement « générique » du sujet culturel.

L' aire cérébrale, où siège le conditionnement moral affectif pathogène, dont j'ai appris l'existence en écoutant l'exposé du Professeur Olivier Houde[72], est située à cheval entre le cortex préfrontal ventro médian et le cortex préfrontal ventro médian et cingulaire.

Comme nous allons pouvoir le constater dans le cas où la mémoire « morale affective» est détruite, ou ne possède plus de connexions neuronales, la réflexion conditionnelle « générique », ou la réflexion « morale », est annulée, puisque le sujet naturel a été débarrassé du sujet « moral culturel » et donc de tout activation d'une réflexion conditionnelle par un information qui n'est plus considérée comme un « obstacle moral exogène ».

---

[72]*Sigmund Freud, O.C. XII. op. cit., p. 238*

« Il ne serait pas étonnant que nous finissions par trouver une instance psychique particulière qui remplisse la tâche de veiller à ce que soit assurée la satisfaction narcissique provenant de l'idéal du moi, et qui, dans cette intention, observe sans cesse le moi actuel et le mesure à l'idéal. Si une telle instance existe, il est possible que nous la découvrions inopinément; nous ne pouvons que l'identifier comme telle et nous pouvons nous dire que ce que nous nommons notre conscience morale remplit cette caractéristique .»

http://www.canalu.fr/canalu/index.php?q=houde

Professeur Olivier Houde, le développement de l'intelligence chez l'enfant, 25/01/ 2000

Hervé Morin. L'intuition, sixième sens et porte entrouverte sur le subconscient [73]

«Le personnage à l'origine de cette impulsion fort peu cartésienne de la part d'un savant (le professeur Antonio Damasio) est Phinéas Gage, un jeune chef de chantier sur les voies ferrées de Nouvelle-Angleterre, qui, un jour d'été 1848, eut le crâne perforé par une barre à mine (Le Monde du 28 avril 1995). Le malheureux survécut à la perte d'une bonne portion de son cerveau, sans que ses facultés intellectuelles paraissent affectées. Mais bien vite Gage devint méconnaissable et perdit son emploi. Auparavant avenant et dynamique, il devint ombrageux, grossier, et finit misérable en Californie, après avoir échoué dans toutes ses entreprises.»

Après vérification, la caractéristique des préfrontaux est qu'ils ont un comportement contraire à la bienséance, ils sont désinhibés.

Le détecteur de mensonges ne détecte pas un mensonge mais une émotion issue d'une réflexion[74]. La qualité d'une émotion est en soi satisfaisante ou insatisfaisante. Cette qualité sera déterminée par la perception d'un événement, et pour le cas qui nous occupe un événement « obstacle », donc de qualité insatisfaisante. Si par exemple un sujet présentant la même lésion du cerveau que Phinéas Gage est mis en présence d'un événement qu'il associe à un danger physique ou abstrait, il aura un réflexe ou une réflexion qui lui permettra de réagir. Ce

---

[73] *http://agora.qc.ca/dossiers/Intuition*

[74] *Léonard de Vinci, I. C.A. 299 r. b. op. cit., p.69*

« Qui attend de l'expérience ce qu'elle ne possède point, dit adieu à la raison. »

que Phineas Gage a perdu, ce n'est pas sa capacité à éprouver des sentiments, mais la capacité d'associer un événement à un obstacle (à un danger abstrait), puisque sa mémoire « morale culturelle » acquise par conditionnement affectif est hors d'usage.

Pour ressentir une émotion insatisfaisante produite par une réflexion abstraite, il faut d'abord que l'information perçue soit comparée à une information mémorisée (par la réflexion associative), ce qui permettra de déterminer si elles possèdent des qualités opposées (si elles génèrent un déséquilibre homéostatique). Le danger sans représentation même inconsciente n'a pas d'existence, et l'angoisse naît de l'impossibilité d'associer deux représentations abstraites et inconscientes de soi dans une réflexion associative inconsciente. Jusqu'à preuve du contraire une émotion est le résultat du traitement par la réflexion de certaines données. Émettre l'hypothèse qu'il existe un siège des émotions, des sentiments, ou un module « moral » n'est pas très réaliste, mais peut servir de thème éternel de recherche[75].

---

[75] *Marylène Patou-Mathis, Préhistoire de la violence et de la guerre. Les origines de la guerre, Odile Jacob, p. 120*

« À partir de l'observation de sujets cérébro-lésés en particulier, le neurobiologiste portugais Antonio R.Damasio a démontré l'existence dans le cerveau de centre de régulation émotionnelle et prouvé que l'absence de ressenti émotionnel peut être causée par leur altération. Il en va ainsi du cortex préfrontal, zone qui conditionne directement nos décisions morales. »

Léonard de Vinci, I. C. A. 154 r. c. op. cit., p. 67

« L'expérience n'est jamais en défaut. Seul l'est notre jugement, qui attend d'elle des choses étrangères à son pouvoir. Les hommes se plaignent injustement de l'expérience et lui reprochent amèrement d'être trompeuse. Laissez l'expérience tranquille et tournez plutôt vos reproches contre votre propre ignorance qui fait que vos désirs vains et insensés vous égarent au point d'attendre d'elle des choses qui ne sont pas en son pouvoir. »

D'un point de vue purement rationnel, la réflexion de tels sujets n'a été modifiée que dans la mesure où elle n'est plus capable d'associer une information à un danger abstrait, puisque l'instance « morale », ou la mémoire « morale affective » culturellement conditionnée (sans laquelle la culpabilité inconsciente, ne peut exister), permettant la réflexion « morale » (ou « le Surmoi » psychanalytique), a été détruite, ou n'est plus accessible. Phinéas Gage est redevenu, sur le plan de la morale en vigueur, un enfant vierge de tout conditionnement « moral », un être totalement naturel. Le Professeur O. Houde cite Paper un psychologue genevois : « *même lorsqu'il se trompe, l'enfant (moins de 6ans) répond toujours juste à la question qu'il se pose* » ; en effet, cet enfant ne craint pas de se tromper, parce que son conditionnement pathogène à l'exécration de la « faute culturelle » n'a pas encore été finalisé[76].

La décision est toujours et exclusivement une affaire de raisonnement. Il faut néanmoins en comprendre les mécanismes afin de pouvoir interpréter correctement le résultat de l'expérience. Quel danger y a-t-il à perdre dans un test de la fausse monnaie qui ne vous appartient pas[77] ; à part peut-être

---

[76] *http://www.assemblee-nationale.fr/14/rap-info/i1085.asp,, op. cit.,*

« *Ce sont 500 000 enfants qui sont suivis par an, chiffre qui a doublé en quinze ans comme le remarquait le docteur Jacques Sarfaty, chef de service de psychopathologie de l'enfant et de l'adolescent de l'hôpital intercommunal de Créteil.* »

[77] *Hervé Morin, L'intuition, sixième sens, op. cit.,*

« *L'expérience du jeu de poker lui a permis de valider cette hypothèse. Elle consistait à placer le sujet face à quatre piles de cartes, à lui donner 2 000 dollars en faux billets et à lui demander de tirer des cartes afin de maximiser ses gains. Au départ, le joueur ignore que dans les tas A et B chaque carte retournée rapporte 100 dollars, mais qu'il arrive aussi qu'une carte impose de payer jusqu'à 1 250 dollars à l'expérimentateur. Dans les paquets C et D, les*

celui de passer pour un idiot culturel aux yeux de ceux qui observent et analysent nos performances, l'instance « observante » dont parle Sigmund Freud.

Le rêve « manifeste » freudien

La théorie psychanalytique, énoncée par Sigmund Freud, est à mon sens une extrapolation complexe et erronée, parce que basée sur une observation privée de toute démonstration scientifique, des mécanismes oniriques inconscients entrant en jeu dans l'élaboration d'un rêve qu'il qualifia de « manifeste ».

Néanmoins, comme il nous le fait remarquer, ces observations, décrites et analysées dans son livre « L'interprétation du rêve », auraient dû permettre la compréhension rationnelle des réflexions inconscientes générant le « rêve manifeste » et donc aussi lui fournir la clef de la compréhension des réflexions conditionnelles pathogènes et inconscientes qui interviennent dans l' altération permanente du comportement, puisque ces réflexions – résultat d'un conditionnement culturel pathogène – sont identiques[78].

---

gains sont moins élevés (50 dollars par carte), mais les pénalités sont aussi plus faibles, ce qui les rend globalement plus « rentables ».
Les individus normaux, après avoir tâtonné, commencent à choisir les « bons » paquets avant d'être capables d'énoncer la bonne stratégie, alors que les patients « préfrontaux » continuent à faire le mauvais choix, le plus risqué, y compris après qu'on leur a expliqué la bonne stratégie. La différence ? Après quelques pertes élevées, les individus normaux montrent rapidement des réponses électrodermales plus élevées - synonymes d'émotion - lorsqu'ils s'apprêtent à choisir une carte sur un paquet risqué. Ils traversent ensuite une phase où ils ont l'intuition (« hunch », littéralement « rentrer les épaules ») des règles implicites, avant d'en être pleinement conscients. Les préfrontaux, eux, ne montrent pas de réponse électrodermale, et continuent à persister dans l'erreur. »

[78] *Sigmund Freud, O.C. XII. op. cit., p.106*

L'analyse freudienne du rêve nous informe que la censure, qui exerce son veto contre des souhaits « immoraux », induit le travail du rêve qui permet de transformer un rêve latent compréhensible en rêve manifeste incompréhensible et nécessitant par conséquent une interprétation[79].

Il faut signaler qu'il y aura travail du rêve uniquement si le rêve constitue une représentation obstacle à la mémoire « morale

---

« ... nous mettant en mains, pour ainsi dire, les clefs de toutes les énigmes de la psychologie des névroses. Le rêve devient ainsi le prototype normal de toutes les formations psychopathologiques. Celui qui comprend le rêve peut aussi percer à jour le mécanisme psychique des névroses et psychoses. »

http://classiques.uqac.ca/classiques/janet_pierre/angoisse_extase_1/version_2_sans_images/angoisse_1_sans_figures.html

Pierre Janet (1926), De l'angoisse à l'extase. Études sur les croyances et les sentiments. Un délire religieux. La croyance. Tome I. Deuxième partie, p. 41

« Que les auteurs croient la science qu'ils étudient très différente de celle qu'étudiaient les autres afin de s'isoler, peu importe. Quand on fera la psychologie de l'écrivain et la psychologie du psychologue on verra que le travailleur a souvent besoin de croire son étude originale et exceptionnelle afin d'avoir le courage de la continuer. Il y a des individus qui ont besoin de découvrir l'Amérique pour avancer d'un kilomètre sur un chemin battu de la montagne. Cela n'enlève rien à l'intérêt de leurs observations et cela n'en change pas la nature. Je crois au contraire que cette séparation artificielle des observations d'un même fait a rendu service à la science. Si ces observations faites isolément se répètent, cela augmente leur vraisemblance et leur valeur. Quand les voyageurs, isolés les uns des autres, ont monté chacun de leur côté sans se voir et quand ils arrivent cependant à se rencontrer, c'est qu'ils étaient sur la même montagne et qu'ils approchent du sommet. »

[79] *Sigmund Freud, O.C. XIV, op. cit., p. 144*

«Les tendances qui exercent la censure sont celles qui sont reconnues par le jugement vigile du rêveur, celles avec lesquelles ils se sent d'accord.»

affective» – deux représentations non associables –, s'opposant au conditionnement culturel; ce qui nous fait comprendre que l'agresseur (le sujet culturel) est à son insu l'agressé (le sujet naturel), comme dans le déficit affectif permanent.

Si le contenu du rêve ne constitue pas un danger (une représentation obstacle au conditionnement « moral affectif »), il n'y aura pas de travail du rêve et le « rêve latent » ne sera pas transformé en « rêve manifeste» incompréhensible, il sera directement intelligible.

Analyses théoriques de comportements pathologiques

Rappel des différentes étapes de la réflexion conditionnelle pathogène

1° L'information « obstacle exogène » identifiée ou non qui initiera le déficit affectif occasionnel (menaçant directement l'intégrité physique du sujet naturel ou indirectement – puisque seul un corps physique peut ressentir une insatisfaction – en menaçant l'intégrité « morale » du sujet culturel).

2° Le déficit affectif occasionnel ou le déséquilibre homéostatique insatisfaisant indispensable au questionnement « moral » du sujet culturel (résultat de l'incapacité d'associer deux représentations culturelles et abstraites du sujet naturel, la satisfaisante mémorisée avec l'insatisfaisante nouvellement perçue).

3° L'obstacle endogène ou les réflexions simultanées et culturellement conditionnées: à *« l'identification du responsable de la commission de la faute générique (inexistante) »*, et à *« la recherche d'un moyen réel pour empêcher une récidive générique (impossible) »*. Réflexions simultanées à la réflexion consciente, par conséquent privées de double monologique donc inconscientes.

4° Le déficit moral affectif permanent: la substitution inconsciente de l'« obstacle exogène » par l' « obstacle endogène » inconscient (la réflexion conditionnelle ou la « culpabilité générique »).

Le déficit affectif devient pathologique par sa permanence, c'est-à-dire lorsque le motif initial ou « l'information obstacle exogène » (l'évènement extérieur occasionnel) est remplacé par « l'obstacle endogène » : c'est-à-dire lorsque la réflexion conditionnelle pathogène prend le contrôle de la réflexion monologique, et convainc à tort le sujet culturel qu'il est l'unique « responsable générique » du dommage qu'il subit, justifiant une souffrance qui le maintiendra dans l'obligation inconsciente d'éviter de commettre à nouveau une « faute générique » qu'il va matérialiser à son insu par le souvenir d'une « faute » personnelle.

5° Le symptôme : éviter en permanence la récidive d'une « faute générique » acquise par conditionnement, qui n'a par conséquent jamais été commise et inconsciemment associée au double conscient ou inconscient que matérialise le souvenir d'une « faute » personnelle.

6° La souffrance permanente du sujet naturel est inconsciemment associée à la « sanction générique » conformément au conditionnement « moral affectif » et pathogène du sujet culturel[80].

Exemple 1

Cet exemple fut décrit lors d'une émission télévisée de la « RTBF » sur les névroses. Le patient fut traité par une psychologue à l'aide d'une thérapie comportementale. Ce traitement relève essentiellement d'un conditionnement: on soumet progressivement le patient à la présence chaque fois plus proche de l'objet de ses angoisses. Le patient « guéri » et par ailleurs la psychologue n'ont par conséquent aucune compréhension de la pathologie.

• Un adolescent confie à sa maman l'expérience de son premier flirt. La mère s'alarme, lui reproche son comportement et l'emmène se confesser chez le curé. A partir de cet instant le sujet aura la contrainte compulsive, par association dynamique inconsciente, d'éviter dans un premier temps de marcher sur une hostie et ensuite, toujours par association inconsciente, sur toute tache blanche. Le sujet finira cloîtré chez lui, pieds nus, et hanté par l'idée compulsive de marcher sur une tache blanche.

Cet exemple démontre que « l'absolution », ou la forme religieuse du pardon culturel, est un acte résultant d'une pratique empirique, dont le fondement est à rechercher, comme nous l'avons démontré dans le Livre I, dans un

---

[80] *Sigmund Freud, O.C. XVIII, op. cit., p. 326*

« Au cours du travail analytique, l'expérience nous a appris, à notre grande surprise, que peut-être toute névrose dissimule un montant de sentiments de culpabilité inconscient qui, à son tour, consolide les symptômes en les utilisant comme punition. »

conditionnement culturel pathogène antérieur à l'avènement du monothéisme, et qui, dans ce cas et pour cause, n'atteint pas son but.

Analyse

La réprobation (l'obstacle exogène), que lui signifie la maman (représentant l'autorité affective et à laquelle il est identifié par la dépendance affective), est l'élément déclencheur de la réflexion pathologique, qui introduit l'endommagement de la représentation « morale affective » du sujet culturel (dans une réflexion mixte, consciente et associative inconsciente), au travers de la perte potentielle de l'amour de la maman, générant un déséquilibre homéostatique (le déficit affectif)[81]. Étant dans l'impossibilité de s'opposer à sa maman (à lui-même par identification affective), la réflexion conditionnelle générique est activée (l'obstacle endogène). La tension nerveuse pousse à la réflexion mixte: à l'aide du déplacement associatif, symbolique et dynamique, produit par la réflexion conditionnelle inconsciente et l'idée monologique consciente, le sujet va pouvoir conserver l'amour de sa maman. En réalité il conservera sa représentation culturelle et satisfaisante intacte (deux représentations morales associables parce que conformes au conditionnement culturel pathogène).

Symbolisation : le blanc est culturellement associé à la pureté d'une morale pathogène acquise par un conditionnement affectif.

---

[81] C'est inéluctablement la réprobation arbitraire (résultat d'un conditionnement culturel erroné), par l'autorité « morale affective » (la maman, mais en finalité, suite à l'identification inconsciente, par le sujet culturel coupable et victime), d'un comportement naturel, qui provoque le conflit inconscient à l'origine du comportement pathologique opposant le sujet culturel au sujet naturel.

L'association dynamique inconsciente produite par la réflexion conditionnelle, ou l' obstacle endogène, le force à éviter la récidive d'une « faute générique », par un déplacement associatif inconscient et dynamique sur la contrainte consciente, mais incomprise du sujet, de ne pas maculer une tache blanche. En réalité, il s'agit de conserver la pureté morale du sujet culturel par une abstinence sexuelle symbolique.

Il est entendu que pour notre cas « la forte déterminante » [82], motivée par la recherche de satisfaction du sujet naturel (d'équilibre homéostatique), est d'éviter que le sujet ne commette « à nouveau la faute générique », afin de pouvoir associer en permanence deux représentations culturelles de qualités morales affectives identiques, en conservant le lien affectif à la mère et à la petite amie (en finalité à lui-même) [83].

---

[82] *Sigmund Freud, O.C. IX, op. cit., p. 171*

« La tendance de ce déplacement était suffisamment nette ; s'il laissait le reproche à la place qui était la sienne, il lui fallait renoncer à une satisfaction sexuelle à laquelle il était vraisemblablement poussé par de fortes déterminantes infantiles. Il obtenait donc par le déplacement un bénéfice de la maladie considérable. »

[83] *Ibid., p. 194*

*« Ce qui est officiellement appelé, névrose de contrainte, porte donc en soi, dans sa déformation par rapport à l'énoncé originel, les traces du combat défensif primaire. Sa déformation la rend alors viable, **car le penser conscient est obligé de la comprendre à faux comme il fait pour le contenu de rêve (manifeste), qui est lui-même un produit de compromis et de déformation et continue à être compris à faux par le penser vigile.** »*

Exemple 2 [84]

• *Emma est actuellement hantée par l'idée qu'elle ne doit pas entrer seule dans une boutique. Elle en rend responsable un souvenir remontant à sa 13ᵉ année (peu après la puberté). Ayant pénétré dans une boutique pour y acheter quelque chose, elle aperçut les deux vendeurs (elle se souvient de l'un deux) qui s'esclaffaient. Prise de panique, elle sortit précipitamment. De là l'idée que les deux hommes s'étaient moqués de sa toilette et que l'un deux avait exercé sur elle une attraction sexuelle.*

Le lien qui unit ces fragments d'histoire, aussi bien que les effets de l'incident, restent incompréhensibles. Si les vendeurs, en se moquant de sa toilette l'avaient désagréablement impressionnée, cette impression aurait dû depuis longtemps s'effacer – depuis qu'elle s'habillait comme une dame. Le fait d'aller seule ou accompagnée dans les magasins ne peut en rien modifier son habillement. Il ne s'agit pas seulement d'une question de protection (comme dans le cas d'agoraphobie), puisque la compagnie d'un jeune enfant suffit à lui donner un sentiment de sécurité. Mais un élément tout à fait isolé demeure : l'un des deux hommes lui a plu. Mais là encore, le fait d'être accompagnée ne pouvait rien changer. Ainsi le souvenir resurgi n'explique ni l'obsession ni la détermination du symptôme.

*L'analyse met ensuite en lumière un autre souvenir qui, dit-elle, n'était nullement présent à son esprit au moment de la scène I, présence, du reste, que rien ne vient confirmer. **A l'âge de 8 ans, elle était entrée deux fois dans la boutique** d'un épicier pour y acheter des friandises et **le marchant avait porté la***

---

[84] *Sigmund Freud, Naissance de la Psychanalyse, puf, p. 364.365*

main, à travers l'étoffe de sa robe, sur ses organes génitaux. Malgré ce premier incident, elle était retournée dans la boutique, puis cessa d'y aller. Par la suite, elle se reprocha d'être revenue chez ce marchand, comme si elle avait voulu provoquer un nouvel attentat. Et de ce fait, la « mauvaise conscience » qui la tourmentait pouvait bien dériver de cet incident.

Nous comprenons maintenant la scène I (celle des commis) si nous la rapprochons de la scène II (celle de l'épicier). Il ne nous reste plus qu'à découvrir le lien associatif. La patiente me fit elle-même observer que ce lien était fourni par **le rire. Celui des deux commis lui avait rappelé le sourire grimaçant dont le marchand avait accompagné son geste.**

Reconstituons maintenant tout le processus. **Les deux vendeurs rient dans la boutique et ce rire rappelle (inconsciemment) le souvenir du marchand.** *La seconde situation a avec la première un autre point commun : la petite n'était pas accompagnée. Elle se souvenait de l'attouchement pratiqué par le marchand. Mais depuis elle avait atteint la puberté. Le souvenir déclenche une libération (d'énergie sexuelle) (qui n'eut pas été possible au moment de l'incident) et qui se mue en angoisse. Une crainte la saisit, elle a peur que les commis ne répètent l'attentat et s'enfuit.*

Il est tout à fait certain que nous nous trouvons ici en présence de l'intrication de deux sortes de processus et que la remémoration de la scène II (celle du marchand) s'est produite dans un état différent de celui du premier. Le cours des évènements peut se représenter de la façon suivante :

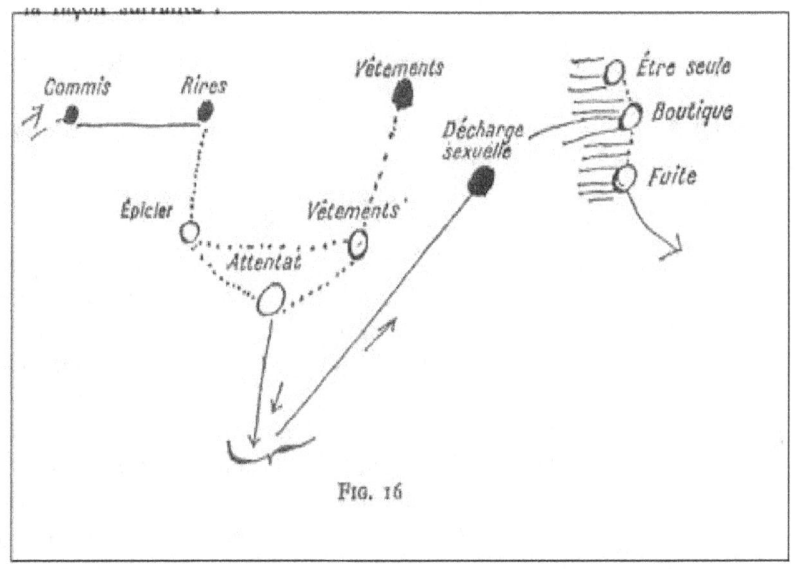

Fig. 16

Les représentations figurées par des points noirs sont les perceptions dont la patiente se souvient. Le fait qu'une décharge sexuelle ait pénétré dans le conscient est démontré par l'idée – sans cela incompréhensible – que **le commis moqueur lui avait plu. La conclusion finale qu'elle tira, celle de ne pas rester seule dans la boutique par crainte d'un attentat, paraît logique,** si l'on tient compte de tous les éléments du processus associatif. Mais aucun élément du processus (ci-dessus représenté) n'est devenu conscient, hormis l'élément « vêtement ». La partie de la pensée fonctionnant consciemment a établi deux connexions erronées dans les matériaux en question (commis, rires, vêtements et sensations sexuelles) : **on s'était moqué à cause de son habillement et l'un des vendeurs avait provoqué chez elle une excitation sexuelle.**

L'ensemble de ce complexe (indiqué par les lignes brisées) est représenté dans le conscient par l'unique idée des « vêtements », c'est à dire par l'élément en apparence le plus innocent. **C'est un refoulement accompagné d'une symbolisation qui s'est ici produit.**

L'aboutissement – le symptôme – possède une structure tout à fait logiquement établie et, ainsi, le symbole n'y joue aucun rôle et reste la particularité du cas.

Disons qu'il n'est nullement étonnant de voir une association passer par un certain nombre de chaînons intermédiaires inconscients pour aboutir à un chaînon conscient, ainsi que cela s'est ici produit.

*L'élément devenu conscient est probablement celui qui a suscité le plus vif intérêt. Mais, chose remarquable, dans notre exemple ce n'est pas le fait de l'attentat qui a pénétré dans le conscient, mais un autre élément symbolisant : les vêtements. Où chercher la cause de ce processus pathologique intercalé ? Une seule réponse est possible : il résulte de la décharge sexuelle dont le conscient avait gardé la trace et qui restait lié au souvenir de l'attentat. Mais il faut noter un fait important, à savoir que cette décharge ne fut pas reliée à l'incident au moment même où il se produisit. Nous trouvons là l'exemple **d'un souvenir suscitant un affect que l'incident lui-même n'avait pas suscité.** Entre temps **les changements provoqués par la puberté ont rendu possible une compréhension nouvelle des faits remémorés.***

***Ce cas nous présente un tableau typique de refoulement hystérique. Nous ne manquons jamais de découvrir qu'un souvenir refoulé ne s'est transformé qu'après coup en traumatisme.** La raison de cet état de chose se trouve dans l'époque tardive de la puberté par comparaison avec le reste de l'évolution.»*

Avertissement

Bien qu'il n'y ait dans l'analyse suivante aucun jugement de valeur, je voudrais préciser, à l'adresse des lecteurs qui n'auraient à ce stade de l'étude rien compris aux développements théoriques : je ne cautionne aucune forme d'abus sexuels et cela même si je les comprends. L'interprétation possible de mes propos, visant à justifier vos pensées sexuelles ou moralisatrices déviantes – les unes étant toujours et inéluctablement stimulées par les autres – dans le but ultime de vous satisfaire, relève maintenant, puisque vous êtes informés, de votre propre incapacité à vous émanciper d'un conditionnement culturel pathogène.

Remarque

Contrairement à ce que pensait Sigmund Freud, il n'y a pas de période de « latence » sexuelle dans la moyenne enfance.

Analyse

Emma enfant (8 ans).

Emma éprouva une émotion satisfaisante lorsque l'épicier toucha à travers l'étoffe de sa robe ses organes génitaux ; démontré d'une part par le fait que malgré ce premier incident elle retourna dans la boutique de l'épicier, et d'autre part parce que la qualité de cette émotion, contraire à la morale, va pouvoir matérialiser « la faute générique ». L'intensité émotionnelle provoquée par l'attouchement provoqua la conservation, dans la mémoire à long terme, de l'attentat attaché à sa qualité satisfaisante ; condition sine qua non du trouble psychique : *« Par la suite elle se reprocha d'être revenue chez ce marchand »*, ce qui permit de justifier inconsciemment le déficit affectif et donc de générer la réflexion pathologique.

Emma, adolescente...

Il est évident qu'à l'âge de 13 ans, la mémoire morale affective s'est considérablement modifiée et notamment avec l'acquisition de considérations morales qui ne pouvaient pas être présentes à l'âge de 8ans.

Emma rentre dans la boutique, un des deux commis lui plaît (« *Le commis moqueur lui avait plu* ») ; nous pouvons inférer qu'elle s'identifie à cet homme (par association affective), et de ce fait, le rire du commis – qui lui plait – est à considérer comme l' « obstacle exogène » qui provoque le déficit affectif.

Liée affectivement au commis, ce rire a été interprété par Emma – le sujet culturel conscient – comme une offense publique liée à sa toilette, (ce qui, indépendamment de la personne et de son passé, aurait pu être la compréhension culturelle exacte ou erronée – puisque nous ignorons la cause réelle du rire – qu'en aurait fait une autre jeune fille de cet âge). Mais le déficit affectif provoqué par l' « obstacle exogène » (l'interprétation du rire) a aussi déclenché simultanément la réflexion conditionnelle inconsciente de la recherche en responsabilité par l'identification de l'auteur de la « faute générique ».

Emma réagit afin de combler le déficit affectif provoqué par l'endommagement de sa représentation culturelle inconsciente (établir la responsabilité par la justification ou non du rire). La réflexion consciente trouve la cause du rire dans sa toilette, mais la réflexion simultanée, associant inconsciemment le rire du commis au sourire de l'épicier (l'inconscient dynamique), a trouvé la faute inconsciente, matérialisant la « responsabilité personnelle », toute prête dans l'acte : rentrer dans la boutique, et associable à la transgression de l'interdit, établissant la culpabilité générique (l' obstacle endogène): *« Par la suite, elle se reprocha d'être revenue chez ce marchand, comme si elle avait voulu provoquer un nouvel attentat . »*

Comme dans « le rêve manifeste », le sujet naturel est la victime inconsciente du sujet culturel.

L'information « obstacle exogène » – le rire – est « justifié », son auteur ne peut être jugé responsable du dommage. En effet, ce rire associable à celui du marchant active une réflexion inconsciente dynamique dans laquelle le conditionnement moral affectif s'oppose au souvenir « du retour chez le marchand » et à celui de la satisfaction physique produite par l'attentat; provoquant un conflit inconscient et angoissant entre deux représentations culturelles de qualités opposées. Emma se retrouve prise au piège de la réflexion conditionnelle qui la rend responsable du déficit affectif. La réflexion mixte, consciente et associative, cherchant une solution afin d'annuler la tension nerveuse, trouve comme issue pratique consciente : sortir de la boutique.

Emma dame…

Seule une idée « morale » peut en combattre une autre « immorale ».

Naissance de l'idée qui hante Emma et qui lui permettra de se protéger contre la transgression de l'interdit : ne pas rentrer seule dans une boutique.

Il nous manque, dans la description faite par Sigmund Freud de cette troisième phase (stade adulte), un « obstacle exogène » qui n'est pas indispensable à notre analyse puisqu'il est finalement remplacé par l'« obstacle endogène » ou la réflexion conditionnelle.

La réflexion simultanée, conditionnelle et inconsciente doit trouver l'auteur de « la faute générique », afin d'établir la « responsabilité générique » dans l'avènement du déficit affectif. Attendu que la « faute générique » ne possède pas de double naturel associable conscient (puisque acquise par conditionnement elle n'a jamais été commise), elle est inconsciente, dynamique et déterminée par une réflexion conditionnée à trouver obligatoirement à se matérialiser par l' association d'un double réel (comme dans l'exemple précédent), afin d'identifier le responsable culturel inconscient qui, conformément au conditionnement moral affectif pathogène, ne peut être que le sujet naturel en souffrance, ici Emma.

Rentrer: entrer à nouveau quelque part, y pénétrer après en être sorti.

J'ai utilisé le verbe « rentrer » (dans la boutique) à dessein. En effet, le processus de réflexion n'a pas eu besoin de remémorer consciemment un souvenir lié à l'abus sexuel dans l'épicerie; dans sa recherche de la faute il n'eut pas le choix, il utilisa l'acte de rentrer dans la boutique à 13 ans, comme l'acte réitéré et effectif de la faute commise à l'âge de 8 ans (« *Emma est actuellement hantée par l'idée qu'elle ne doit pas entrer seule dans une boutique. Elle en rend responsable un souvenir remontant à sa 13ᵉ année* »).

En effet, le souvenir conscient et insatisfaisant de l'acte « rentrer dans la boutique », possédant une connexion neuronale au souvenir satisfaisant de l'attentat, active, dans une réflexion inconsciente dynamique, une opposition aux informations contenues dans la mémoire morale affective en générant une angoisse (puisque la réflexion est inconsciente), et donc une recherche de solution par une réflexion mixte (consciente et inconsciente); opposition confirmée par : « *Par la suite, elle se reprocha d'être revenue chez ce marchand, comme si elle avait voulu provoquer un nouvel attentat. Et de ce fait, la* « *mauvaise conscience* » *qui la tourmentait pouvait bien dériver de cet incident* ».

L'agression est inconsciente, permanente et d'intensité croissante, l'angoisse est proportionnelle. Cette angoisse produite par un danger non identifiable pousse la réflexion mixte – consciente et conditionnelle – à rechercher le moyen de se libérer consciemment de la souffrance en essayant inconsciemment d'éviter de commettre, à nouveau, une « faute générique » qui n'a jamais été commise (mais qui justifie le déficit affectif permanent) [85].

---

[85] *Arthur Schopenhauer. Le monde comme volonté et comme représentation. Représentation et principe de raison (page 249)*

« La connaissance du fou et celle de l'animal se confondent en ce qu'elles sont toutes deux restreintes au présent ; mais voici ce qui les distingue : l'animal n'a à proprement parler aucune représentation du passé considéré comme tel ; sans doute il subit l'effet de cette représentation par l'intermédiaire de l'habitude, lorsque, par exemple, il reconnaît après plusieurs années son ancien maître, c'est-à-dire celui dont le regard a produit sur lui une impression habituelle, persistante ; toujours est-il qu'il n'a aucun souvenir du temps qui s'est depuis écoulé ; le fou au contraire conserve toujours dans sa raison le passé in abstracto *; mais **c'est un faux passé qui n'existe que pour lui et qui est un objet de créance constante ou seulement momentanée ; l'influence de faux passé l'empêche, bien qu'il connaisse exactement le présent, d'en tirer aucun parti,** alors que l'animal lui-même est capable de l'utiliser. Voici comment j'explique que de violentes douleurs morales, que des événements terribles et inattendus occasionnent fréquemment la folie. Une douleur de ce genre est toujours à titre d'événement réel, limitée au présent ; c'est-à-dire qu'elle est passagère et que comme telle elle ne dépasse point nos forces ; **elle ne devient excessive que si elle est permanente ; mais comme telle se réduit à une simple pensée, et c'est la mémoire qui en reçoit le dépôt** ; si cette douleur, si le chagrin causé par cette pensée ou par ce souvenir est assez cruel pour devenir absolument insupportable et dépasser le forces de l'individu, alors la nature, prise d'angoisse, recourt à la folie comme à sa dernière ressource ; **l'esprit torturé rompt pour ainsi dire le fil de sa mémoire, il remplit les lacunes avec des fictions** ; il cherche un refuge au sein de la démence contre la douleur morale qui dépasse ses forces ; c'est comme lorsqu'on ampute un membre gangrené et qu'on le remplace par un membre **artificiel**. »*

Pierre Janet, Les névroses, op. cit., p. 121

Nous voudrions signaler que le fait « d'entrer à nouveau », donc de rentrer après être sorti, symbolise aussi l'acte sexuel ; d'où l'idée qui hante Emma de ne pas entrer seule dans une boutique, dont elle rend responsable un souvenir remontant à sa 13ème année. Si Emma est accompagnée d'un jeune enfant (qu'elle doit protéger de toute vision immorale), elle ne pourra pas succomber à la tentation de commettre « à nouveau une faute générique ». Emma se libéra peut-être du trouble, lors de

---

« *Ses idées obsédantes qui sont « comme des vrilles dans la tête », ses répétitions, les pactes qu'il s'impose, ses doutes, ses interrogations, ses efforts désespérés autant qu'inutiles entretiennent et augmentent sans cesse son épuisement.* »

Ibid., p. 253

« *En un mot, dans ce qu'on appelle suggestion, l'idée se développe complètement jusqu'à se transformer en acte, en perception et en sentiment mais elle semble se développer par elle-même, isolément, sans participation ni de la volonté, ni de la conscience personnelle du sujet.* »

Sigmund Freud, O.C. XII. op. cit., p. 238

« *Les malades se plaignent alors qu'on connaisse toutes leurs pensées, qu'on observe et surveille leurs actions ; ils sont avertis du fonctionnement souverain de cette instance (la conscience morale) par des voix qui leur parlent, de façon caractéristique, à la troisième personne. (« Maintenant elle pense encore à cela; maintenant il s'en va »). Cette plainte a raison, elle décrit la vérité; une puissance de cette sorte qui observe, connaît, critique toutes nos intentions, existe effectivement, et cela chez nous tous dans la vie normale.* »

la remémoration de l'attentat, par le rejet de la faute sur son auteur, l'épicier.

Un souvenir satisfaisant ne peut jamais perdre sa qualité par refoulement et un jour se transformer en trauma!

Remarque sur la névrose de guerre

Les différents symptômes provoqués par la névrose de guerre sont identiques aux symptômes générés par la névrose sociale ; ce qui démontre de manière extrême que les différents symptômes ont tous comme origine une même cause fondamentale : deux représentations abstraites non associables (provoquant un déséquilibre homéostatique permanent).

Le documentaire de John Huston « Let there be light » de 1946 est édifiant à ce propos. Certains soldats témoignent du fait qu'ils ont été soumis à des bombardements incessants sans aucune possibilité de fuite. Ils souffrent d'une angoisse permanente provoquée par la sensation d'un désastre imminent. Certains de ces patients souffrant d'hallucinations voient des avions qui les bombardent, alors qu'ils se trouvent en toute sécurité dans un cabinet en compagnie d'un médecin ; un autre est incapable de se souvenir de son propre nom. Vous pourrez aussi constater, dans le cas du soldat souffrant de paraplégie hystérique, que les problèmes familiaux font partie intégrante de la névrose. Traités par hypnose et « narco-analyse cathartique », les symptômes finiront par disparaître. En réalité, tout le travail du médecin consiste essentiellement à libérer l'attention du patient qui est monopolisée par l'angoisse que génère la fixation de la pensée sur le souvenir de la scène traumatique[86].

---

[86] *http://www.youtube.com/watch?v=kDNoaSMKx0g*

Conclusion

En transformant des perceptions sensorielles en informations abstraites monologiques capables de s'émanciper de toute expertise sensorielle, la matière organique a introduit, dans le traitement de l'information, des éléments endogènes potentiellement irrationnels (inexistant en dehors des seules représentations culturelles ou comme seul contenu du neurone). La représentation culturelle du sujet naturel – greffée sur une information organique possédant un déséquilibre énergétique naturel en quête perpétuelle d'un équilibre naturel – est une information imaginaire, potentiellement pathogène parce que pouvant provoquer la mise en œuvre culturelle d'entraves aux lois naturelles qui déterminent la recherche naturelle de l'équilibre homéostatique[87]. Cet élément endogène irrationnel,

---

[87] *William Shakespeare, Roméo et Juliette*

« Paix, paix, Mercutio, paix. Tu nous parles de rien !

En effet, je parle des rêves, ces enfants d'un cerveau en délire, que peut seule engendrer l'hallucination, aussi insubstantielle que l'air, et plus variable que le vent qui caresse en ce moment le sein glacé du nord, et qui, tout à l'heure, s'échappant dans une bouffée de colère, va se tourner vers le midi encore humide de rosée ! »

«Ton nom seul est mon ennemi. Tu n'es pas un Montague, tu es toi-même. Qu'est-ce qu'un Montague ? Ce n'est ni une main, ni un pied, ni un bras, ni un visage, ni rien qui fasse partie d'un homme... Oh ! Sois quelque autre nom ! Qu'y a-t-il dans un nom ? »

en l'occurrence et originellement « la phobie à l'être semblable», ne peut qu'altérer – par une protection pathologique de l'individu contre la menace culturelle ou imaginaire que représentent ses semblables – la qualité d'une existence naturellement contrainte d'atteindre la satisfaction permanente que produit l'équilibre énergétique naturellement déterminé par notre mémoire atomique et la régulation biologique qui imposent, entre des cellules semblables qui fondent un même tissu social, une répartition énergétique libre de toute entrave culturelle.

Le suicide social – qui constitue le moyen extrême permettant au sujet naturel de mettre un terme à sa souffrance en privant le sujet culturel de son existence – illustre parfaitement, par un accès direct au but naturellement déterminé et définitivement équilibré, ce vain combat livré contre une nature indépassable par une culture pathogène. Opposant finalement, dans une lutte sans merci – et sans le moindre espoir pour une civilisation aliénée à la culture pathologique d'une vénération aveugle au culte mystique de la protection des individus civilisés dans la sanction de la faute et la glorification du bien –, un sujet naturellement émancipé à un sujet enchaîné par une culture arbitraire et aliénée au droit de créance pathogène qu'il nous faut irrémédiablement abandonner et que nous avons définitivement défini dans « La Matrice du Capital ».

« *Les choses mentales qui n'ont pas passé par la compréhension sont vaines et ne donnent naissance à aucune vérité qui ne soit nuisible.* »[88]

Léonard de Vinci

---

[88]*Léonard de Vinci, I. Quaderni, 17 r. op. cit., p. 87*

Bibliographie

– *Axel Cleeremans*

http://fondation.ulb.ac.be/fr/?page_id=1807

– *Daniel C. Dennett, Consciousness Explained.*

– *Encyclopédie Microsoft® Encarta® 2003. © 1993-2002 Microsoft Corporation. Tous droits réservés*

– *Sigmund Freud. (1926) : Le malaise dans la culture, Œuvres complètes, Presses universitaires de France*

– *Sigmund Freud, Naissance de la Psychanalyse, Presses universitaires de France*

– *Olivier Houde, le développement de l'intelligence chez l'enfant, 25/01/ 2000*

http://www.canalu.fr/canalu/index.php?q=houde

– *Pierre Janet, La médecine psychologique. Paris, Flammarion, 1923*

http://classiques.uqac.ca/classiques/janet_pierre/medecine_psychologique/janet_medecine_psycho.pdf

– *Pierre Janet, Les névroses (1909) Dans le cadre de la collection: "Les classiques des sciences sociales" http://classiques.uqac.ca/classiques/janet_pierre/nevroses/janet_les_nevroses.pdf*

– *Pierre Janet, L'évolution de la mémoire et de la notion du temps (1928)*

http://www.psychaanalyse.com/pdf/janet_memoire_temps.pdf

– *La Recherche. Mensuel N°379 Oct.2004. Psychologie. L'entretien*

– *Léonard de Vinci. Les carnets de Léonard de Vinci. I. II. Tel Gallimard.1987*

– *Université de Liège*

http://reflexions.ulg.ac.be/cms/c_7611/anatomie-du-sommeil

– *Thomas Edward Lawrence (1888-1935). Les sept piliers de la sagesse. Payot, Paris 1940*

– *Michel Onfray. Manifeste hédoniste, Autrement*

– *Hervé Morin. L'intuition, sixième sens et porte entrouverte sur le subconscient*

http://agora.qc.ca/dossiers/Intuition

– *Marylène Patou-Mathis. Édition Odile Jacob. Préhistoire de la violence et de la guerre. Les origines de la guerre.2013*

– *Pascal, Blaise.100 Amour-propre*

https://www.ub.uni-freiburg.de/fileadmin/ub/referate/04/pascal/pensees.pdf
– Primo Lévi, Si c'est un homme, Pavillon, Robert Lafont

– Denys ROBILIARD. Assemblée nationale

http://www.assemblee-nationale.fr/14/rap-info/i1085.asp
COMMISSION DES AFFAIRES SOCIALES. La santé mentale et l'avenir de la psychiatrie : rapport d'étape. Denys ROBILIARD, Député.

– William Robert Shakespeare, Roméo et Juliette

www.crdp-strasbourg.fr/je_lis_libre/livres/Shakespeare_RomeoEtJuliette.pdf

– Encyclopédie Universalis

– Simone Weil (1909-1943). Réflexions sur les causes de la liberté et de l'oppression sociale (1934). Paris: Éditions Gallimard, 1955

– Mark Wheeler. La Recherche. La mémoire et l'oubli - 30/06/2001. Mensuel n°344